组织力建设与新时代妇联发展

——以四川妇联工作为例的研究

郑长忠　等著

中国社会科学出版社

图书在版编目（CIP）数据

组织力建设与新时代妇联发展：以四川妇联工作为例的研究 / 郑长忠等著.—北京：中国社会科学出版社，2021.6
ISBN 978-7-5203-8438-4

Ⅰ.①组… Ⅱ.①郑… Ⅲ.①妇女工作—案例—四川 Ⅳ.①D442.6

中国版本图书馆CIP数据核字(2021)第092631号

出 版 人	赵剑英
责任编辑	王 琪
责任校对	周 昊
责任印制	王 超

出　　版	中国社会科学出版社
社　　址	北京鼓楼西大街甲158号
邮　　编	100720
网　　址	http://www.csspw.cn
发 行 部	010-84083685
门 市 部	010-84029450
经　　销	新华书店及其他书店

印刷装订	三河弘翰印务有限公司
版　　次	2021年6月第1版
印　　次	2021年6月第1次印刷

开　　本	710×1000 1/16
印　　张	16.5
插　　页	2
字　　数	168千字
定　　价	78.00元

凡购买中国社会科学出版社图书，如有质量问题请与本社营销中心联系调换
电话：010-84083683
版权所有　侵权必究

目 录

第一章 新型文明形态生成、党的自我革命与妇联组织力建设
　　——新时代妇联发展的逻辑 ……………（1）
　第一节　中国特色社会主义进入新时代、新型文明形态生成与党的自我革命 ………………………………（2）
　第二节　党的自我革命、国家治理现代化与群团改革 ………………………（15）
　第三节　群团改革、妇联组织形态创新与组织力建设 ………………………（28）
　第四节　提升妇联组织力以助力加强党的全面领导 ………………………（41）

第二章 组织力建设与妇联组织发展
　　——新时代四川妇联发展的机理 …………（54）
　第一节　妇联组织力建设的主要内涵与基本维度 ……………………………（55）

第二节　组织力建设与妇联组织特性实现……（68）

第三节　组织力建设与妇联组织功能实现……（80）

第四节　组织力建设与妇联组织形态创新……（93）

第三章　组织力建设的基本思路与实现路径
　　——新时代四川省妇联发展的战略……（107）

第一节　以提升政治影响力为统领，确保落实党的领导以体现妇联的政治性……（108）

第二节　以提升社会号召力为抓手，强化团结带领群众作用以体现妇联的先进性……（121）

第三节　以提升权益维护力为目标，实现妇联服务妇女功能以体现妇联的群众性……（130）

第四节　以提升组织覆盖力为前提，创新组织建设以奠定妇联组织和工作全覆盖的组织基础……（140）

第五节　以提升群众凝聚力为基础，激活全域基层以增强妇联组织联系与整合群众的现实能力……（152）

第六节　以提升自我革新力为保证，推进妇联改革以创造妇联组织持续与有效发展的前提条件……（165）

目 录

第四章 提升妇联组织力以推动女性发展与治蜀兴川的同频共振
  ——新时代四川妇联发展的议程 ……（179）

第一节 在价值、制度、技术与组织之间：妇联组织力建设的机制与议程 ……（180）

第二节 确立推动妇女全面发展以助力治蜀兴川的工作理念：新时代四川妇联组织力建设的价值基础 ……（194）

第三节 落实群团改革任务以重构妇联组织运行机制：新时代四川妇联组织力建设的制度基础 ……（210）

第四节 运用新型技术手段以适应网络社会：新时代四川妇联组织力建设的技术基础 ……（223）

第五节 适应市场化、全球化与网络化以创新组织形态：新时代四川妇联组织力建设的组织基础 ……（238）

参考文献 ……（254）

后 记 ……（257）

第一章 新型文明形态生成、党的自我革命与妇联组织力建设
——新时代妇联发展的逻辑

中国共产党是中国实现现代文明转型的领导和中轴力量,也正是在中国共产党的领导下,中国胜利完成了新民主主义革命、社会主义革命,进行了改革开放新的伟大革命,开辟了中国特色社会主义道路。经过改革开放四十多年以来的伟大实践,中国特色社会主义进入了新时代,中国新型文明形态的发展也需要实现从要素生成阶段向整体重塑阶段的历史转型。在当下关键的文明转型与跃升阶段,党的建设作为文明建构的轴心性力量,也进入了党的自我革命的新的历史阶段。党的自我革命的关键在于通过推进国家治理体系和治理能力现代化,重塑党治国理政的组织和机制,使得党在治国理政中的生动实践和新型文明形态发展的需要有机统一起来。群团组织作为党联系国家、社会和市场的重要中介,发挥着重要的政治和治理功能。因此,在新型文明形态发展

的新的历史阶段，党领导和推动了群团改革，对群团组织提出了新的、更高的要求。群团改革的实践，也使得群团组织成为加强党的全面领导，促进国家治理体系和治理能力现代化的重要组织和机制性力量。要准确理解新时代妇联在群团改革中的使命和任务，就必须站在加强党的全面领导、促进国家治理现代化和新型文明形态建构的高度上来。进一步落实群团改革要求，推动新时代妇联发展的关键在于实现妇联组织形态创新，切实推进妇联组织力建设。新时代，妇联要通过切实提升自身的组织力，成为加强党的全面领导的组织和机制性力量，进而服务于国家治理体系和治理能力现代化，服务于中国新型文明形态的建构。

第一节 中国特色社会主义进入新时代、新型文明形态生成与党的自我革命

历史和人民选择了中国共产党成为中国实现现代文明转型的领导和中轴力量。在中国共产党的领导下，中国胜利完成了一个又一个历史任务，战胜了一个又一个历史挑战，探索形成了中国特色社会主义道路这一真正适合中国的现代文明发展和转型道路。因此，中国特色社会主义的形成和发展具有深刻的文明转型意义。随着中国特色社会主义的发展，国家、政党、社会和市场等一系列新型文明

第一章　新型文明形态生成、党的自我革命与妇联组织力建设

形态要素都在党的领导下逐步生成。经过改革开放四十多年以来的伟大实践，中国社会主要矛盾发生了变化，中国特色社会主义进入了新时代。中国新型文明形态的发展已经不能仅仅停留在要素生成阶段，而是必须进入整体转型和跃升阶段。在当下关键的文明转型与跃升阶段，党的建设作为一个文明建构的轴心性力量，同样应该进入一个全新的发展阶段。只有全方位地提升党的领导力，才能将新型文明形态的四个基本要素围绕文明整体形态的发展建构起来，使党更好地领导新时代中国特色社会主义事业。围绕全方位提升党的领导力，充分发挥党在新型文明形态建构过程中的中轴作用的改革、实践和创新，便是党的自我革命。

一　文明转型、中国共产党领导与中国特色社会主义道路

中国的现代化进程是在中国与世界耦合的过程中逐步推进的，中国的现代化、中国的整个近现代史以及背后贯穿始终的中华民族伟大复兴史都具有深刻的文明转型意义。这一文明转型意义是文明发展普遍性和特殊性的有机结合。就其普遍性而言，中国现代文明的发展和转型，是全球化以来后发国家实现现代化和文明发展的一般命题。就其特殊性而言，中国现代文明发展需要实现文明国家整体转型和现代化发展的有机统一。中国文明转型的历史进程中，历史和人民最终选择了中国共产

党担当文明转型的领导和中轴力量。也正是在中国共产党的领导下，中国胜利完成了新民主主义革命、社会主义革命，进行了改革开放新的伟大革命，开辟了中国特色社会主义道路，形成了中国特色社会主义理论体系，确立了中国特色社会主义制度，发展了中国特色社会主义文化。

从1840年开始，中国在外部的现代化冲击下面临着艰难繁重的现代化转型任务。首先，中国需要在经济上逐步实现现代化，促进生产技术的进步和生产力的发展。其次，中国需要在政治上建立现代民族国家，在一定的疆域内实现政治认同的塑造和公共权力的建构，并进而发展现代国家治理体系。最后，中国需要在社会上革故鼎新，推行现代的生活方式，提升社会的自组织能力，推动国家和社会的有机互动。与大部分的后发国家一样，当时的中国不仅面临着艰巨的现代化发展任务，还需要完成民族解放和独立的历史任务。对于中国而言，实现民族解放和独立的核心在于实现中国大一统国家的保全和整体转型。

中国逐渐在完成现代化发展和民族解放与独立两大任务的过程中明确了历史任务的关系问题，即现代化发展和民族解放与独立的关系。具体而言，是何者具有优先性和两者互动方式的问题。中国革命创造性地开拓了新民主主义革命理论，将现代化发展的任务和民族独立与解放的任务有机结合，将其转变为现代国家的整体转

第一章 新型文明形态生成、党的自我革命与妇联组织力建设

型问题。

在推动当代中国现代国家的整体转型过程中,中国的各阶层、各种力量都参与了承担和完成这一历史任务的探索与实践过程之中。在孙中山先生的领导下,辛亥革命的胜利结束了中国社会几千年的封建统治,但是无论是北洋军阀还是取而代之的国民党很快都走向了革命的对立面,中国文明转型亟须新的领导力量,最终中国革命的领导责任落到了中国共产党的肩上。由此,中国共产党作为一种强有力的组织化力量成为中国现代国家转型的领导力量。在中国革命实践过程中,只有中国共产党代表最广大人民的根本利益,只有中国共产党能够切实承担起中国实现民族解放与独立的历史任务。归根结底,中国共产党的领导地位既是被当时的中国革命实际所决定的,也是中国实现文明转型的内在需要。

中国共产党团结带领人民找到了一条以农村包围城市、武装夺取政权的正确革命道路,经过28年的浴血奋战,完成了新民主主义革命,于1949年建立了中华人民共和国,实现了中国从几千年封建专制向人民民主的伟大飞跃,现代国家的政治转型取得了阶段性成果。在新的阶段,一方面,仍需要进一步完善政治体制,形成有机互动的权力制度化安排体系;另一方面,在中华人民共和国成立后,需要尽快推进现代化建设。为了更有效地发挥组织化力量优势,将革命过程中中国共产党克服中国社会"一盘散沙"的组织机制制度化,党领导人民

进行了积极的政治探索，建立了以国家政权为主导的计划经济体制与以基层党组织为领导的单位社会体制，为现代化建设提供了组织化基础。通过计划经济体制和单位社会体制，分散的、原子化的个人被重新组织起来，完善了国家权力关系制度性安排的社会基础。

为进一步获得可持续发展动力，在政治转型之外，更系统地推进中国的现代化转型，并进而促进中国政治转型的发展。我们党团结带领人民进行改革开放新的伟大革命，破除阻碍国家和民族发展的思想和体制障碍，开辟了中国特色社会主义道路。由此，中国作为一个后发国家，探索出了一条实现发展与秩序有机统一的文明转型道路。这一文明转型道路的开辟不仅对于中国实现文明转型的历史任务具有关键意义，对于其他后发国家也具有极大的参考价值。在这个意义上，中国所开辟的中国特色社会主义道路对人类文明的发展做出了突出贡献。

二 中国特色社会主义发展、新型文明形态要素生成与新的伟大工程建设

中国特色社会主义具有深刻的文明转型意义，中国特色社会主义发展过程中也逐渐完成了新型文明形态要素的生成。市场经济、依法治国、现代社会等一系列新型文明形态要素都在党的领导下逐步生成，党领导的现代文明发展具有了越来越丰富的发展内涵，这对党的自

第一章 新型文明形态生成、党的自我革命与妇联组织力建设

我建设也提出了越来越高的要求。在这一背景下，如何实现新型文明形态要素的内在发展和有机统一成为决定中国现代文明发展的关键命题。中国共产党是中国文明转型和新型文明形态发展的领导力量，这意味着，党的建设新的伟大工程是保证新型文明形态发展的关键所在。

改革开放新的伟大革命是中国特色社会主义逐步探索、实践和发展的过程，也是中国文明转型新阶段的历史产物。因此，中国特色社会主义的发展不仅是中国现代化的发展，更是中国现代文明的发展，乃至推动中国实现文明形态转型、建构新型文明形态的关键。新型文明形态的基本要素处在政党、国家、市场和社会的基本空间之内。所谓文明要素的生成，即这些空间内核心主体的发展和关键要素的生成过程。随着中国特色社会主义的不断发展，党领导人民"摸着石头过河"，不断探索，逐步推动了新型文明形态要素的生成。其中，党作为领导和中轴力量，不断地适应着新型文明形态要素生成的新环境，对自身的建设和发展提出新的、更高的要求，同时，还需要根据实际情况的调整，适时地明确现代文明发展的主要任务。

中国现代经济的关键要素是中国特色社会主义市场经济体制。中国现代经济要素的生成集中体现在中国特色社会主义市场经济的发展上。传统经济学理论都不认为社会主义能搞市场经济，而中国共产党则结合中国的现代化建设实际，创造性地发展了社会主义理论和市场

经济理论,形成了中国特色社会主义市场经济理论,并在实践中证明了中国特色社会主义市场经济的有效性和生命力。1992年邓小平南方谈话时提出要建立社会主义市场经济体制。在党的十四大报告正式确定我国经济体制改革是建立社会主义市场经济体制的方向以后,1993年党的十四届三中全会做出了《关于建立社会主义市场经济体制若干问题的决定》,设计了社会主义市场经济体制的基本框架,确立了社会主义市场经济体制改革的各项任务。随后,中国特色社会主义市场经济的发展取得了举世瞩目的成就,中国实现了经济的跨越式发展,逐步建立了具有中国特色的现代经济。

中国现代国家建设的关键要素在于依法治国的提出和实践。依法治国就是依照宪法和法律来治理国家,是中国共产党领导人民治理国家的基本方略。在党的十五大上提出党领导人民治理国家的基本方略,就是广大人民群众在党的领导下,依照宪法和法律规定,逐步实现社会主义民主的制度化、规范化、程序化。1999年,九届全国人大二次会议通过的宪法修正案规定:"中华人民共和国实行依法治国,建设社会主义法治国家",将依法治国上升到国家宪法的层面,使其成为国家建设和发展的根本约束之一。随后,围绕依法治国的基本方略,中国特色社会主义法治的一系列要素逐渐生成、一系列原则逐渐明确,中国现代国家建设进入新的阶段。

中国现代社会建设的关键要素在于和谐社会的建设。

第一章 新型文明形态生成、党的自我革命与妇联组织力建设

随着改革开放的逐渐发展,尤其是社会主义市场经济的发展,中国社会结构的丰富性和复杂性程度迅速提升。面对一个日益多元的现代社会,中国共产党逐渐明确了建设和谐社会的基本目标,并将其作为中国现代社会的理想形态。2006年10月,在党的十六届六中全会上审议通过的《中共中央关于构建社会主义和谐社会若干重大问题的决定》中,全面深刻地阐明了中国特色社会主义和谐社会的性质和定位、指导思想、目标任务工作原则和重大部署。党的十七大再次强调了构建社会主义和谐社会的重要性,并对改善民生为重点的社会建设进行了全面部署。和谐社会的建设任务成为党执政的重要目标之一,也成为中国对现代社会形态范式的贡献。

至此,作为新型文明形态要素的国家、政党、社会和市场已经生成。在这一背景下,党的十八大以来,党领导中国现代文明转型的关键任务在于两个方面:一是继续推动现代新型文明形态各要素的发展,尤其是其内部机制的完善和功能的发挥;二是逐步推进新型文明形态各要素之间的整体发展,为文明形态的整体转型做好准备。为此,党中央提出"四个全面"战略布局,即全面建成小康社会、全面深化改革、全面依法治国、全面从严治党。相应地,在党的十八届三中、四中、五中和六中全会上分别通过了《中共中央关于全面深化改革若干重大问题的决定》《中共中央关于全面推进依法治国若干重大问题的决定》《中共中央关于制定国民经济和

社会发展第十三个五年规划的建议》和修订《中国共产党党内监督条例（试行）》。尤其是在党的十八届三中全会上提出了"全面深化改革的总目标是完善和发展中国特色社会主义制度，推进国家治理体系和治理能力现代化"。

中国文明转型进程的历史和实践都证明，只有坚持党的全面领导才能够保证中国向新型文明形态的整体转型。要坚持党的全面领导，首先要推动党的建设的新的伟大工程。在中国特色社会主义的发展过程中，中国整体发展的推进和党的自身建设始终双轮并进。每一次新的发展都在强调党的自身建设，都在推动党的建设这一伟大工程向前进。因此，党的建设这一伟大工程无论是从内涵、任务还是发展阶段上来说，都需要适应新型文明形态整体转型的需要，做出相应的改革和创新。

三　中国特色社会主义进入新时代、新型文明形态整体发展与党的自我革命

经过改革开放四十多年以来的伟大实践，中国社会主要矛盾发生了变化，中国特色社会主义进入了新时代。中国新型文明形态的发展已经不能仅仅停留在要素生成阶段，而是必须进入整体发展、转型和跃升阶段。在当下关键的文明转型与跃升阶段，党的建设作为一个文明建构的轴心性力量，同样应该进入一个全新的历史阶段。只有全方位地提升党的领导力，才能将新型文明形态的

第一章　新型文明形态生成、党的自我革命与妇联组织力建设

四个基本要素围绕整体形态的发展建构起来，使党更好地领导新时代中国特色社会主义事业向前发展。围绕全方位提升党的领导力，充分发挥党在新型文明形态建构过程中的中轴作用的改革、创新和实践便是党的自我革命。

改革开放四十多年以来，中国社会生产力得到极大的发展，经济基础发生重大变化。改革开放四十多年以来，中国国内生产总值年均增长约9.5%，已成为世界第二大经济体、第一大工业国、第一大货物贸易国、第一大外汇储备国。中国连续多年对世界经济增长贡献率超过30%，成为拉动世界经济增长的主要引擎。在这一背景下，党的十九大指出，中国特色社会主义进入新时代，我国社会主要矛盾已经转化为人民日益增长的美好生活需要和不平衡不充分的发展之间的矛盾。我国社会主要矛盾的变化是关系全局的历史性变化，对党和国家工作提出了许多新要求。我们要在继续推动发展的基础上，着力解决好发展不平衡不充分的问题，大力提升发展质量和效益，更好地满足人民在经济、政治、文化、社会、生态等方面日益增长的需要，更好地推动人的全面发展和社会的全面进步。

党的十八届三中全会提出："全面深化改革的总目标是完善和发展中国特色社会主义制度，推进国家治理体系和治理能力现代化。"这一目标的提出吹响了中国新型文明形态建构从要素生成走向整体转型的历史号角。由

此，中国现代文明形态各要素的内在功能和体系进一步发展和完善，各要素之间的相互关系也日益清晰和明确起来，在此基础上，党的十九大的召开标志着中国特色社会主义进入了新时代，也标志着中国的新型文明形态建构正式进入整体转型和跃升的历史阶段。

要推动新型文明形态的整体转型和跃升，就必须坚持在党的全面领导下，加强顶层设计，推动新型文明形态各要素有机整合。要加强在党的全面领导下对新型文明形态建构的顶层设计，就需要从价值、制度和组织三个基本维度展开。所谓价值，指的是将新型文明形态各要素勾连起来的基本原则、基本共识和基本任务。所谓制度，指的是将新型文明形态定型的基本制度规范和制度形态。所谓组织，指的是将新型文明形态各要素有机勾连的组织方式和组织体系。价值、制度和组织在新型文明形态的整体转型和跃升中缺一不可，构成了新型文明形态的基本范式体系。

推动新型文明形态的整体转型和跃升的价值体系在于坚持以人民为中心、坚持社会主义核心价值体系和坚持新时代发展中国特色社会主义的基本任务。坚持以人民为中心就是要坚持人民主体地位，坚持立党为公、执政为民，践行全心全意为人民服务的根本宗旨，把党的群众路线贯彻到治国理政各项工作中，把人民对美好生活的向往作为奋斗目标，依靠人民创造历史伟业。坚持社会主义核心价值体系就是要坚持马克思主义，牢固树

第一章 新型文明形态生成、党的自我革命与妇联组织力建设

立共产主义远大理想和中国特色社会主义共同理想,培育和践行社会主义核心价值观,不断增强意识形态领域主导权和话语权,推动中华优秀传统文化创造性转化、创新性发展,继承革命文化,发展社会主义先进文化,不忘本来、吸收外来、面向未来,更好构筑中国精神、中国价值、中国力量,为人民提供精神指引。坚持新时代发展中国特色社会主义的基本任务就是要为把我国建设成为富强民主文明和谐美丽的社会主义现代化强国而奋斗,坚持不懈地推动实现中华民族伟大复兴,坚持推动构建人类命运共同体。

推动新型文明形态的整体转型和跃升的制度体系在于不断发展和完善党的制度和依法治国制度体系。不断发展和完善党的制度的关键在于提高党的执政能力和领导水平,让党的各项制度适应中国新型文明形态发展的实际,适时地改革和创新党的领导制度、党的干部人才制度、党的基层组织制度和党的反腐倡廉制度等关键制度。完善依法治国制度体系,即要把党的领导贯彻落实到依法治国全过程和各方面,坚定不移走中国特色社会主义法治道路,完善以宪法为核心的中国特色社会主义法律体系,建设中国特色社会主义法治体系,建设社会主义法治国家,发展中国特色社会主义法治理论,坚持依法治国、依法执政、依法行政共同推进,坚持法治国家、法治政府、法治社会一体建设,坚持依法治国和以德治国相结合,实现党的领导、人民当家作主和依法治

组织力建设与新时代妇联发展

国的有机统一。

推动新型文明形态的整体转型和跃升的组织体系在于落实党的全面领导,加强党的组织建设,切实提升党的组织力。党的组织建设和组织力提升的关键在于以下三个方面的有机统一:一是党的基层组织的组织力建设。党的基层组织是确保党的路线、方针、政策和决策部署贯彻落实的基础。要以提升组织力为重点,突出政治功能,把党的基层组织建设成为宣传党的主张、贯彻党的决定、领导基层治理、团结动员群众、推动改革发展的坚强战斗堡垒。二是要落实新时代党的组织路线,加强顶层设计。2018年7月,习近平总书记在全国组织工作会议上提出,新时代党的组织路线是全面贯彻新时代中国特色社会主义思想,以组织体系建设为重点,着力培养忠诚干净担当的高素质干部,着力集聚爱国奉献的各方面优秀人才,坚持德才兼备、以德为先、任人唯贤,为坚持和加强党的全面领导、坚持和发展中国特色社会主义提供坚强组织保证。三是要落实和完善党的民主集中制。民主集中制是党的根本组织制度和领导制度,是保证党的统一领导的关键。要在党的组织中切实落实党员个人服从党的组织,少数服从多数,下级组织服从上级组织,全党服从中央的基本原则,保证党的中央、地方和基层组织上下贯通。

保证推动新型文明形态的整体转型和跃升的价值、制度和组织体系发展和有效运转的关键在于切实推进党

第一章 新型文明形态生成、党的自我革命与妇联组织力建设

的自我革命,即全方位提升党的领导力,充分发挥党在新型文明形态建构过程中的中轴作用。中国文明转型、新型文明形态建构的过程与党的建设的过程相辅相成,在新型文明形态建构的新的历史阶段,党的建设也必须进入自我革命的新阶段。这是中国文明转型的逻辑对党提出的要求,也是中国共产党为人民谋幸福,为民族谋复兴的内在需求。

第二节　党的自我革命、国家治理现代化与群团改革

党的自我革命的本质在于适应新型文明形态发展由要素生成阶段向整体形态发展阶段转型的需要。党的自我革命的落脚点在于通过推进国家治理体系和治理能力现代化,重塑党治国理政的组织和机制,使得党在治国理政上的生动实践和新型文明形态发展的需要有机统一起来。群团组织作为党联系国家、社会和市场的重要中介,本身不仅是党领导下的国家治理体系和治理能力现代化的重要环节,也是党的领导体系的重要组成部分。因此,在新型文明形态发展的新的阶段,党领导和推动了群团改革,对群团组织提出新的、更高的要求。群团改革的实践,更好地发挥了群团组织的政治性、先进性和群众性优势,成为党联系国家、社会和市场,组织和凝聚各个领域人民群众的重要力量,并进而促进了党领

导下的国家治理现代化的发展。

一 党的自我革命、国家治理现代化与新型文明形态发展

党的自我革命的本质在于适应新型文明形态发展由要素生成阶段向整体重塑阶段转型的需要，这要求党在新时代，创造性地改革和发展自身的价值、制度和组织体系。随着中国特色社会主义的实践和发展，作为新型文明形态要素的国家、政党、社会和市场已经生成，并逐渐发展起来，其内涵、基本范式也逐步明确下来。中国新型文明形态的发展已经不能仅仅停留在要素生成阶段，而是必须进入整体发展、转型和跃升阶段。作为我国新型文明形态建构领导力量的中国共产党，也在这一过程中不断完善自身的价值、制度和组织体系，形成各要素之间的有机互动。如今，新型文明形态建构进入了整体发展、转型和跃升的新阶段，党的自我革命也成为这一历史时期党的建设的核心主题。

党的自我完善的落脚点在于党领导下的治国理政，即通过国家治理体系和治理能力现代化，重塑党治国理政的组织和机制，使得党在治国理政上的生动实践和新型文明形态发展的需要有机统一起来。在市场化、网络化和全球化日益深入的时代背景下，通过党的自我革命实现国家治理现代化和新型文明形态发展的有机统一的重要性日益凸显。中国特色社会主义市场经济是我国实

第一章 新型文明形态生成、党的自我革命与妇联组织力建设

现现代化的必由之路,市场化意味着党的治国理政需要面对日益多元的经济社会主体,处理日益复杂的经济社会事务。我国作为一个后发国家,不论是从现代化启动的历史背景还是从现代化发展的现实环境来看,都处在全球化的历史进程之中。全球化意味着党的治国理政面临着更广阔的国际舞台,需要应对更为复杂多变的外部环境,需要经受更为严峻的外部考验。网络化是当代技术革命和社会发展的基本趋势,是理解未来人类生存和发展形态的基础维度之一。网络化意味着党的治国理政的很多工作需要在全新的网络空间内展开,需要经历从物理空间向虚拟空间治理载体的转变。市场化、网络化和全球化的时代趋势背后,是党治国理政面临的一系列新挑战、新机遇,也是通过党的自我革命促进新型文明形态建构过程中面临的客观实际。

在当下关键的文明转型与跃升阶段,党的建设作为文明建构的中轴力量,同样应该进入一个全新的历史阶段。围绕全方位提升党的领导力,充分发挥党在新型文明形态建构过程中的中轴作用,实践和创新便是党的自我革命。提升党的领导力,加强党的全面领导是进行党的自我革命的前提条件,失去了党的领导,任何改革发展事业都将失去根本性的保障,也将失去持续前进的关键动力。党领导人民进行社会主义现代化建设,发展是硬道理,当前,对我国而言,最根本的发展就是实现中国新型文明形态的建构。在党治国理政的过程中进行改

革、创新和实践是进行党的自我革命的现实路径。只有不断改革党治国理政中不完善的部分，进行价值、制度和组织体系的创新，在实践中检验和完善党治国理政的价值、制度和组织体系，才能真正使得党的自我革命和我国新型文明形态建构有机统一起来。

党的自我革命要落到党领导下的治国理政实践中去。党的自我革命的一切成果都需要在推进中国现代文明发展和转型的实践中去检验，这一实践主要体现在党领导的治国理政过程之中。国家治理体系和治理能力是治国理政的基础要素，因此，要推动党的治国理政的实践发展，关键是要推进国家治理体系和治理能力现代化。同时，我们需要看到，党的自我革命是我国全面深化改革事业中的核心环节，自然也承担着全面深化改革的重要任务，也具有全面深化改革的基本特点。党的十八届三中全会指出，"全面深化改革的总目标，就是完善和发展中国特色社会主义制度、推进国家治理体系和治理能力现代化"。这意味着，无论是从党治国理政的全局高度，还是从全面深化改革的战略高度而言，推进国家治理体系和治理能力现代化都是实现党的自我革命的重要任务。

在市场化、网络化和全球化日益深入的背景下，党迫切地需要创造性地改革和发展其自身的组织和机制。随着我国市场经济的发展，参与全球化深度和广度的逐步提升以及网络社会、智能社会的日益临近，无论是推进党的自我革命，还是推进国家治理体系和治理能力现

第一章 新型文明形态生成、党的自我革命与妇联组织力建设

代化,都必须在新型文明转型和发展的前提下,妥善应对市场化、网络化和全球化的挑战,抓住市场发展、全球化和网络时代的发展机遇。诚然,市场化、网络化和全球化确实给党的治国理政实践和党的自我革命带来了一定的挑战。但是,这一时代背景是当今世界各国所共有的,对于作为后发国家的中国来说,这一充满挑战性的时代背景本身又蕴藏着巨大的机遇。作为中国新型文明形态建构领导力量的中国共产党,要能够在这一历史机遇中乘势而上,创造性地改革和发展自身的组织和机制,尤其是改革和发展在党的领导和治国理政过程中的一系列组织和机制,才能更好地履行好党的历史使命。

二 国家治理现代化、加强党的全面领导与群团改革

群团组织作为党联系国家、社会和市场的重要中介,不仅是党领导下的国家治理体系和治理能力现代化的重要环节,也是党的领导体系的重要组成部分。因此,无论是在推进国家治理体系和治理能力现代化的过程中,还是在加强党的全面领导的过程中,都必须充分发挥群团组织的作用。也正是基于此,党着力推动了群团改革的开展。面对新的发展形势,着眼于实现国家治理现代化和加强党的全面领导,如何更好地全面落实群团改革要求,就成为新时代群团组织发展的核心命题。

群团组织是我国国家治理体系和治理能力的有机组

成部分，发挥着重要的治理功能。首先，群团组织联系和服务着特定的社会领域和群体，能够有效地收集特定领域和群体的发展需求，并将这一需求反馈到国家治理过程之中，提升国家治理的针对性。其次，群团组织作为一种与社会紧密联系的组织化力量，是国家推动特定事业发展的重要力量。群团组织制度化地参与国家治理的各项实践，成为凝聚发展力量的重要组织形态。最后，群团组织是党和国家调动相应群体参与和服务中心工作的桥梁纽带。群团组织"是党组织动员广大人民群众为完成党的中心任务而奋斗的重要法宝"，"要把深化改革开放、推动科学发展、促进社会和谐作为发挥作用的主战场，把工人阶级主力军、青年生力军、妇女半边天作用和人才第一资源作用，转化为促进经济社会发展的强大力量"。[①] 因此，无论是从群团组织自身的性质还是其组织运作的功能来看，群团组织都深度参与着党领导下的治国理政实践，承担着重要的治理功能。

群团组织是党与政府联系群众的重要桥梁和纽带，发挥着重要的政治功能。首先，从历史渊源来看，群团组织大多是作为革命或建设时期进行政治整合以实现国家建构的重要组织而出现的。在中国共产党成立后的第二年，就设立了专门负责妇女工作的妇女部。随后，在

[①] 《中共中央关于加强和改进党的群团工作的意见》，新华网，2015年7月9日，http://www.xinhuanet.com/politics/2015-07/09/c_1115875561_3.htm。

第一章 新型文明形态生成、党的自我革命与妇联组织力建设

党领导人民进行革命的过程中,妇女解放协会、女工农妇代表会议、妇女联合会等组织相继承担了联系和团结广大妇女同志的革命任务,为妇联的成立奠定了坚实的组织基础,留下了光荣的革命传统。1949年4月3日妇联的正式成立,不仅是当时革命形势发展的产物,更是中华人民共和国成立前的实际需要。其次,从群团组织的发展演变来看,它们始终深受国家权力关系制度化安排发展演变的直接影响。妇联的成立是党领导人民进行中国现代国家建构的组织准备之一,是为全国各族各界妇女争取进一步解放与发展的组织载体。中华人民共和国成立后,妇联不仅在党领导人民进行社会主义现代化建设探索的过程中发挥着积极作用,也不断推动着自身的组织发展和功能优化。以改革开放前夕第四次全国妇代会召开为标志,妇联工作伴随着中国特色社会主义现代化建设,进入稳定发展的新时期。最后,从基本职能来看,群团组织始终是党在政治上领导和引领特定社会群体的重要组织载体。妇联"担负着团结引导各族各界妇女听党话、跟党走的政治责任","是中国共产党领导下的人民团体,是党和政府联系妇女群众的桥梁和纽带,是国家政权的重要社会支柱"。①

群团组织在党治国理政的过程中,发挥着重要的政治和治理功能。因此,伴随着中国新型文明形态建构阶

---

① 《中华全国妇女联合会章程》,中华全国妇女联合会官网,2018年11月2日,http://www.women.org.cn/col/col35/index.html.

段的重大转变、党治国理政实践的不断发展以及中国特色社会主义现代化建设的持续深入，党对群团组织的发展提出一系列新的、更高的要求。群团组织是党做好群众工作的重要组织载体，同时也是党联系国家、社会和市场的重要组织网络和运行机制，群团组织应当在新时代发挥出更积极、更有效的政治和治理功能。然而，一段时间以来，群团组织内部出现了"机关化、行政化、贵族化、娱乐化"等问题，制约了其应有功能的发挥。因此，不论是推动新型文明形态的整体形态发展，还是推进国家治理体系和治理能力现代化建设，都要求群团组织必须深化改革。

正是在这样的历史背景下，党中央在2015年下发了《中共中央关于加强和改进党的群团工作的意见》，召开党的群团工作会议，对党的群团工作和群团改革做出了全面部署，明确强调"党的群团工作只能加强，不能削弱；只能改进提高，不能停滞不前"[①]。

群团组织所承担的治理和政治功能意味着，无论是从国家治理现代化的角度，还是从加强党的全面领导的角度来看，新时代继续推进群团改革工作都是势在必行的。对于新时代的群团组织而言，全面落实中央对于群团改革的各项要求，就成为新时代群团组织发展的核心

[①] 《中共中央关于加强和改进党的群团工作的意见》，新华网，2015年7月9日，http://www.xinhuanet.com/politics/2015-07/09/c_1115875561_3.htm.

第一章　新型文明形态生成、党的自我革命与妇联组织力建设

命题。在新时代,群团组织一定要坚持解放思想、改革创新、锐意进取、扎实苦干,切实保持和增强党的群团工作和群团组织的政治性、先进性、群众性,组织动员广大人民群众更加紧密地团结在党的周围,把广大人民群众对美好生活的追求汇聚成强大的发展动力,助力实现国家治理现代化,加强和巩固党的全面领导。只有这样,群团组织才能在新时代做出无愧于历史、无愧于人民的应有贡献。

三　群团改革、加强党的全面领导与国家治理现代化

群团改革的实践从价值、制度和组织等多个维度打破了群团组织原有的体制性和非体制性区隔,更好地发挥了群团组织的政治性、先进性和群众性。一方面,群团组织成为党联系国家、社会和市场的重要中介,保证了党和人民群众的血肉联系,有效加强了党的全面领导;另一方面,群团组织将各群体的人民群众更为有效地组织起来,将广大群众的力量汇聚到党治国理政的实践之中,群策群力,开拓进取,切实推动国家治理现代化发展。群团改革的这一成效使得群团组织成为加强党的全面领导,推动国家治理现代化发展的重要组织性和机制性力量,也使得群团改革日益成为推动群团组织发展、激发群团组织活力、发挥群团组织功能的重要改革。

受制于"机关化、行政化、贵族化、娱乐化"的影

响，群团组织长期以来存在体制性和非体制性区隔，成为群团组织发挥其本质功能的阻碍。群团改革就是要打破一直以来在群团组织中存在的组织区隔，从而释放群团组织的组织活力。群团组织作为党联系人民群众的重要组织基础，其内在的组织运行机制和联系群众的组织机制是其发挥组织功能的依托，也即群团组织功能发挥的有效性在很大程度上取决于其内外的组织机制是否畅通。而群团改革的一大目标就在于破除群团组织内外机制中存在的区隔。这一组织区隔在群团组织内部主要体现为体制性区隔，在群团组织与群众联系机制上主要体现为非体制性区隔。

所谓体制性区隔，即原本存在于群团组织内部的科层制并未有效运转起来，反而是在运转过程中形成一系列阻碍其内部机制畅通的堵点，制约了其组织功能的有效发挥。科层制是现代组织的基本组织制度和机制，群团组织也建立了其内部的科层制结构。群团组织科层制中存在的堵点主要体现在两个方面。一方面，群团组织内部的组织资源未能实现有效联动。群团组织内不同部门和不同地区之间在发挥其政治和治理功能上没有形成合力，甚至受到官僚化等不良风气的影响，不同部门和地区之间可能还会出现相互掣肘的情况。另一方面，群团组织与党领导下的其他体制内组织之间缺乏有效的互动。群团组织作为党治国理政的重要力量，除了在其自身的领域内完成本职工作、发挥应有功能之外，还应当

第一章 新型文明形态生成、党的自我革命与妇联组织力建设

与其他体制内组织进行联动,形成"1+1>2"的效应。但是,长期以来,不少群团组织在开展工作的过程中,往往容易忽视这一点,从而制约了群团组织发挥功能的空间。

所谓非体制性区隔,即原本应当与人民群众紧密联系、亲密互动的群团组织,在面对新的发展形势时,由于落后的观念、机制和技术,从而使其自身的组织发展滞后于党治国理政的实际需要。从根本上来说,这种非体制性区隔既是由变化了的发展形势造成的,更是由群团组织自身改革的滞后所造成的。

非体制性区隔主要包括三个方面。一是观念区隔。为了应对市场化、网络化和全球化的进一步扩展,就需要具备市场化、网络化和全球化的思维方式,这些思维方式是在新的形势下做出有效应对的思想基础。但是,很多群团组织的工作观念还局限在体制内、国内和物理空间内,导致其无法应对很多新兴治理问题。二是机制区隔。群团组织的基本职能是联系特定群体的人民群众,将人民群众的力量汇聚到党治国理政的中心工作中去。但受到群团组织"四化"问题的影响,群团组织在联系群众的机制建设和运作方面有效性不足,甚至浮于形式,严重影响了群团组织与社会和群众的沟通、联系。三是技术区隔。群团组织面对全新的治理环境,尤其是面对互联网技术的迅猛发展和新兴治理技术的兴起,必须尽快适应社会发展的形势,采用最先进的治理技术,但群

团组织在这一方面的反应往往是滞后的。

群团组织内部组织运行和对外联系发展上存在的一系列组织区隔，影响了群团组织的功能发挥，进而也对党治国理政和加强党的全面领导带来了消极影响。因此，破除群团改革中存在的组织区隔，成为全面落实群团改革要求的重中之重。随着群团改革的不断推进，群团组织中长期存在的问题逐渐被廓清，制约群团组织政治和治理功能发挥的一系列组织区隔也逐渐被破除，群团改革的发展进入了新的阶段。

群团改革使得群团组织更好地发挥了其治理功能。群团改革使得群团组织能够更有效地联系人民群众，反馈人民群众的发展需求，调动人民群众的发展力量。一方面，群团组织可以将党和国家的相关政策更好地贯彻和传达到人民群众之中。一些由党和国家直接执行效率不高、效果不好的政策也可以借助群团组织的力量得以更好地落实，群团组织作为党治国理政的助手功能更好地发挥了出来。另一方面，群团组织能够更好地反映人民群众对于政策的意见和需求，并将这些意见和需求通过其与党和政府的制度性联系，传达到政策改革和制定过程中。群团组织成为一系列经济、社会政策上传下达的机制性渠道，提升了党治国理政的效率和针对性，进一步促进了国家治理现代化的发展。

群团改革使得群团组织更好地发挥了其政治功能。随着群团改革的不断深入，群团组织与人民群众之间的

第一章　新型文明形态生成、党的自我革命与妇联组织力建设

联系日益密切，群团组织的政治纽带功能得到更好地发挥。一方面，群团组织充分发挥其政治联系功能，利用自身的组织优势，消除社会矛盾，促进社会和谐。另一方面，在群团改革实践过程中，一系列加强群团组织与其所联系人民群众互动的创新形式得到发展和推广。在市场化、网络化和全球化条件下的新思维、新机制和新技术被运用到了群团组织的日常工作之中。群团改革使得群团组织能够更好地团结和凝聚广大的人民群众，对于强化党的执政基础、夯实党的群众基础做出了特有的贡献，群团组织作为加强党的全面领导的重要组织性力量的功能得以更好地发挥。

群团改革的实践加强了党的全面领导，同时促进了国家治理现代化的发展。群团改革的实践，一方面，更好地发挥了群团组织的政治功能，团结和凝聚了广大的人民群众，使得广大人民群众紧密团结在党的领导下，朝着实现中华民族伟大复兴中国梦的历史征程阔步前进。另一方面，群团组织通过发挥其在治国理政中的治理功能，促进了国家治理现代化的发展，提升了党治国理政的效率和针对性。群团改革的实践成效印证了坚持群团改革，不断深化群团改革的必要性和有效性，反过来也对群团改革不断提出新的、更高的要求，构成了群团改革的"正反馈"逻辑。

第三节 群团改革、妇联组织形态创新与组织力建设

群团改革作为加强党的全面领导、推动国家治理现代化的一项重要举措，旨在通过推动群团组织自身的组织形态的创新，增强群团组织的政治性、先进性、群众性，充分发挥群团组织的政治功能和治理功能。具体而言，组织形态创新包括价值、制度、组织与技术四个具体维度，对于组织形态的创新而言，这四个维度彼此联系，缺一不可。妇联组织既具有群团组织的一般属性，也有自身的特性，妇联组织形态创新要把群团改革的整体逻辑和妇联组织自身发展的规律结合起来。提升妇联组织力是妇联组织形态创新的重要内容，其核心在于提升妇联有效组织妇女群众的能力。妇联组织既体现在整体妇联组织体系之中，更体现在基层。可以说，把握好整体与基层之间的关系是妇联组织力建设的关键。

一 在价值、制度、组织与技术之间：群团改革与群团组织形态创新机制

群团组织是党和政府联系各界群众的桥梁纽带，也是国家治理体系的重要组成部分，在群众工作中具有独特的优势。《关于深化党和国家机构改革的决定》中，首

第一章 新型文明形态生成、党的自我革命与妇联组织力建设

次明确将群团工作体系列为与党的领导体系、政府治理体系、武装力量体系并列的党和国家机构职能体系的组成部分之一，充分体现了党中央对群团组织和群团工作的重视。在市场化、网络化和全球化的条件下，要更好发挥群团组织的功能，就必须进行群团改革。群团改革既是推动国家治理现代化的一项重要举措，同时对于群团组织自身发展而言，也是要通过组织形态的创新来增强其自身的政治性、先进性和群众性。

组织形态是发挥组织功能、实现改革目标的基础，如果没有组织的保障，改革的目标就只能是空谈。任何组织都具有特定的组织结构、运行机制和价值追求，其中，价值追求决定了该组织的性质、功能和发展方向，也是动员号召组织成员的旗帜。组织结构最初由组织成员之间的权力关系和互动关系构成，随着时间的累积，以组织内的层级结构和部门结构为主要表现的组织结构逐渐稳定下来。运行机制是组织得以有效运转的一系列制度机制。完善的组织结构和运行机制使得这个组织得以持续地实现其价值追求。此外，作为重塑组织形态的重要因素之一，现代科技的迅猛发展不断改变着人们的生活方式和交往方式。因此，组织形态创新主要包含四个维度，即价值、制度、组织与技术。

就价值维度而言，群团组织在新时代的背景下要着眼于促进各自联系对象的全面发展，从而助力党的中心工作，服务国家发展大局。群团组织不同于普通NGO组

织的最显著特点就在于，群团组织具有显性的政治性。对于妇联而言，政治性就是要团结凝聚广大妇女群众的力量服务于党的中心工作，引领妇女群众听党话、跟党走，引导妇女群众践行社会主义核心价值观。政治性的实现必须要有先进性和群众性的支持，因此，妇联要坚持以人民为中心、以广大妇女群众为中心，通过服务妇女群众的全面发展来助力党的中心工作。这里所说的"服务"，不仅是指把妇女群众作为服务对象，而且要把妇女群众组织起来，推动实现妇女的自我发展。因此，服务妇女群众全面发展和服务党的中心工作是有机统一的，既不能脱离服务妇女群众而空谈服务党的中心工作，否则就会背离以人民为中心的价值理念；也不能只顾服务妇女发展而忽视妇联的政治性，否则就会削弱妇联的引领力。

就制度维度而言，制度是价值得以落实的保障，也是组织运行规范化的保障。群团组织要实现组织形态创新，既要创新组织内部的运行机制，也要创新与外部主体的互动机制。一方面，群团组织有一套完备的科层制组织体系，但由于条块分割，组织内部的运行机制往往并不畅通，组织内资源也往往没有实现充分整合，形成了组织内部的区隔。制度维度的创新首先就是要提高组织内部运行机制的效率，充分开发既有制度的应有功能。另一方面，群团组织是勾连国家、政党、社会和市场等各类主体的组织性机制，这是群团组织在国家治理体系

第一章 新型文明形态生成、党的自我革命与妇联组织力建设

中最重要的优势。在体制内,群团组织与相关党政部门有着许多制度性的联系通道,例如各级政府的妇儿工委办就设在妇联。但这些制度通道有时并不畅通,制约了体制内资源合力的形成,造成了体制内的组织区隔。制度维度的创新就是要疏通体制内的制度通道。同时,随着市场经济的确立和社会自主性的生成,体制外新兴社会力量蓬勃发展,已经成为参与社会治理、提供公益服务的重要力量。群团组织在吸纳、整合社会力量的过程中已经形成了相应的制度机制,但体制外社会力量在参与群团组织体系时仍然缺少制度安排,尤其是体制内外的资源尚未得到充分整合,从而形成了体制内外的区隔。因此,制度创新还需要向体制外社会力量"扩容",充分保障多元主体共同参与群团组织体系,既为群团组织赋能,也增强其代表性。

就组织维度而言,组织结构和联系网络是组织内权力关系与互动关系固化而形成的,其中的权力关系或影响力关系是具有明确方向性的,是主体对客体的影响;而联系关系或互动关系则是平等的和相互影响的。因此,群团组织既有科层制的、具有隶属关系的组织结构,也有广泛的联系网络,二者共同构成了完整的组织体系。组织体系是价值追求和运行机制的载体,也是组织自身建设的关键抓手。群团组织要发挥好联系、服务群众的功能,组织体系建设既要注重覆盖的广泛性,也要注重联系的有效性,尤其要顺应市场化、网络化和全球化的

发展趋势，根据人民群众生活形态和交往方式的转变而不断进行适应性调整。如今，随着单位体制的解体和原子化社会的形成，人们的关系空间更加多元且彼此叠加，加之网络社会的到来又增强了社会自组织化的能力。对此，原先在工业化条件下形成的科层制组织结构必须实现相应重塑，基层群团组织在整个组织结构中的重要性将愈加重要。同时，对群众的联系也不能仅仅依靠单一的形态，既包括组织覆盖，也包括对社会力量的整合，还包括对个体群众的弥散性联系。

就技术维度而言，随着互联网、大数据、人工智能等新兴技术不断融入人们的日常生活，技术的迭代日益成为改变人们生活形态和交往方式的重要因素。群团组织要能跟上这种转变，就必须引入新技术手段，并与组织形态创新中的其他维度相结合，尤其是要与组织结构和联系网络的重塑相结合。随着网络社会的到来，网络空间已经成为人们日常交往的重要空间，群团组织既要引入技术手段以加强其在网络空间中的工作能力，更要推动网络空间与既有组织体系相融合。技术手段的应用不能演变为"为技术而技术"，而是要注重实效，切实提高联系、服务群众的能力，切实提高决策的科学化、民主化水平。

组织形态创新是一项系统性和持续性的工程，也是全面落实群团改革要求的体现。因此，一方面，要准确理解中央群团改革精神，避免将群团改革简单地理

第一章　新型文明形态生成、党的自我革命与妇联组织力建设

解成一次机构改革，避免将组织形态创新局限于组织结构的调整。另一方面，群团改革只是迈出了"从0到1"的一步，之后的组织形态创新则是一个"从1到N"的进程，是一个不断与时俱进的进程。因此，组织形态创新既要服务于当下的工作，也要具有长远的战略性思维。

二　群团改革与妇联组织形态创新的逻辑与机制

群团改革是针对群团组织的共性特征和共性问题而提出的，为群团工作和群团组织发展确定了总体的目标与框架。在此基础上，群团组织必须结合自身联系对象的特点、实务工作的规律和组织发展的逻辑，有针对性地落实群团改革的要求，形成具有自身特点的组织形态创新。就妇联而言，妇联改革和组织形态创新要结合群团改革的总体要求和妇联组织自身发展的逻辑，在改革创新中体现妇联的特性。此外，各地区、各领域和各单位的妇联组织在改革创新过程中还必须因地制宜，结合基层一线的特点，服务基层妇女群众，助力当地发展。

首先，妇联组织要充分发挥桥梁纽带作用，提升政治性。只有发挥好桥梁纽带作用，妇联才具有实现政治性的基础。一方面，妇联要发挥体制内的桥梁作用，积极开展与党委、政府、人大和政协各系统的对接和互动，整合体制内的各类资源，实现妇联功能的自我开发。群

团改革本质上是一次党建带妇建的创新发展，要把握好这一机制创新的契机，积极拓展妇联组织的发展空间，例如，妇联应积极推动政府职能转移和承接公共服务。当然，这一过程也会遇到不少阻力和制约因素，只有盘活体制内的资源、机制和政策，妇联在对外工作、服务妇女发展时才具有比较优势，进而才能发挥好政治引领的作用。另一方面，妇联还要搭建起对接体制外资源的桥梁。政治功能的发挥一定要有组织基础，而妇联的组织基础就在于社会领域和妇女群众中的组织网络和触角。为此，妇联不仅要拓展自身的组织体系，推动妇联组织嵌入企业和各类社会组织，还要发展多元的、面向个体妇女的联系机制。例如，通过网络社交平台加强基层妇联建设，其目的就是要让妇联的组织网络能够到达个体的妇女和组织化的妇女，只有这样，妇联的政治性才具有坚实的基础。

其次，要充分发挥妇女在妇联中的主体作用，提升妇联的群众性。要实现群团组织的"双覆盖"，即工作覆盖和组织覆盖。从群众工作的本质内容出发，妇联必须首先满足妇女群众各方面的需求，必须先把广大妇女的最根本利益整合进妇联的组织网络，才能形成妇女对妇联组织的认同。因此，群众工作的目标是要让最大多数的妇女群众能够在妇联组织中找到自己的位置，而不是仅仅服务于精英女性。下一步，我们还应该针对各项具体工作在各地区的差异化的特点，针对基层妇女发展的

第一章 新型文明形态生成、党的自我革命与妇联组织力建设

实际需求来谋划工作，尤其要注重在工作覆盖的过程中实现组织覆盖。同时，要避免仅仅通过具体的项目来推动妇女发展和妇联的群众性，而是要将项目制的工作方式和组织建设结合起来。组织建设既要重视妇联自身组织的建设，也要整合其他多元的社会力量。当然，不同层级的妇联组织的工作侧重点是有所不同的，基层妇联组织往往是通过单个项目来推动妇女发展，而更高层级的妇联组织则要更加关注组织建设整体工作中的空白点，尤其要避免在某些领域中整块工作的缺失。

再次，要充分发挥"联"的作用，提升妇联的先进性。妇联的先进性不仅仅是要求妇联干部要具有先进性，事实上，妇联干部在一些专业领域可能还会不如我们的联系对象先进。妇联要实现先进性，关键是要在"联"上下功夫。在项目层面上，妇联要在以往向社会购买服务的基础上，通过竞争性激励等方式，使妇联始终能够与最先进的社会力量合作，由此提升先进性。在组织层面上，发挥"联"的作用要重视组织平台的建设，吸纳更多市场主体和社会力量参与平台内的竞争，使其能在妇联的平台内形成多元主体之间自主的优势互补和资源匹配。要充分发挥妇联的平台优势，打破组织区隔，提升妇联平台的吸引力，发掘并吸纳那些最先进的、与女性发展有关的社会力量。同时，要充分发挥妇联的组织网络优势，充分利用深入基层的组织体系，通过区域化妇联建设等方式，帮

助基层的妇联组织发挥"联"的作用,既要能使当地的优质资源能够惠及更多妇女群众,也要能使外部的优质资源能够依托妇联的组织体系传导到基层妇女群众中。

最后,妇联改革和组织形态创新都需要充分发挥主观能动性。要把已有的各种要素和资源通过企业家的智慧重新组织起来,从而提供具有增量意义的价值。具体来说,妇联干部尤其是领导干部不仅要善于做妇联工作和群众工作,还要善于调配、整合各方资源,通过妇联的通道配置到基层妇女中,并通过组织形态创新和机制创新化解各类制约因素。如今,随着群团改革的持续推进,组织形态创新的基层实践已经涌现出大量的经验和亮点;同时,得益于中央和各级党委政府对妇联工作的关心重视,以及体制外新兴社会力量的蓬勃发展,包括各类专业化服务力量和志愿者组织的涌现。可以说,各类支持妇女发展的资源将越发充裕,关键在于妇联能否用创新的方法,把体制内外的各类资源整合起来,形成既符合妇联价值追求也符合各地区特点和基层妇女群众实际需求的创新形态。

三 妇联组织形态创新与妇联组织力建设

党的十九大报告指出,加强基层组织建设,要以提升组织力为重点,突出政治功能,把基层党组织建设成为宣传党的主张、贯彻党的决定、领导基层治理、团结

第一章 新型文明形态生成、党的自我革命与妇联组织力建设

动员群众、推动改革发展的坚强战斗堡垒。① 组织力的内涵包括政治影响力、社会号召力、权益维护力、组织覆盖力、群众凝聚力和自我革新力。妇联作为党的群团组织，同样需要把提升组织力作为组织建设的重点工作，以此来助力党的建设新的伟大工程。尤其是与基层妇女群众直接接触的基层妇联组织的组织力建设，是妇联工作得以有效贯彻落实的组织保障。当然，提升组织力要靠组织形态创新来实现，换言之，妇联组织形态创新的一项重要内容就在于提升妇联组织尤其是基层妇联组织有效组织动员妇女群众、有效统筹整合妇联工作力量的能力。

对于拥有完备组织体系的妇联而言，组织力建设有广义和狭义之分。广义的组织力建设是指妇联整体组织形态的创新和跃升，是指系统提升妇联组织整体对外的组织动员和整合能力。广义的组织力是涉及妇联组织各层级、各部门、各条线的一项系统性、战略性命题。狭义的组织力建设是指基层组织的组织力建设。基层妇联组织直接面对妇女群众，面对一线工作，与妇女群众直接接触，妇女群众对妇联组织的感知和认识也是从基层妇联组织和妇联干部开始的。可以说，妇联的组织力强不强，基层是最直接的体现。在经济社会相对发达的地

---

① 习近平：《决胜全面建成小康社会 夺取新时代中国特色社会主义伟大胜利——在中国共产党第十九次全国代表大会上的报告》，人民出版社2017年版，第65页。

区，各类服务妇儿发展和家庭建设的资源和组织已经相当丰富。而对于欠发达地区，尤其是老少边穷地区，体制外资源相对匮乏，基层妇联是促进当地女性发展的最重要的力量，要联系好、服务好基层妇女群众，同样需要基层组织力的提升。

因此，组织力建设不能没有基层，中央对推动组织力建设的过程中也始终特别强调基层。但在强调基层组织力建设重要性的同时，还必须从整个妇联组织体系的视角来理解基层。基层的能力和权限毕竟是有限的，基层组织力的加强不能仅仅靠基层自己，必须实现整体组织体系的重构，依托妇联的整体工作体系、组织体系和组织网络来为基层赋能。

在工业化条件下所形成的科层制组织结构中，基层往往被理解为贯彻上级任务的抓手，这在传统的计划经济和单位体制下确实是最具效率的组织体系。但如今，随着市场化、网络化和全球化的深度发展，妇女群众的生活方式和交往习惯都在不断迭代，女性发展也呈现出差异化的需求。基层妇联组织不仅要负责贯彻上级的任务要求，保证妇联工作的整体性推进，还要根据本地区、本单位的实际，充分发挥主观能动性。尽管基层组织的自主性已经越来越得到重视，但由于组织资源的层层分割，基层组织往往面临着资源不足的困境，这也成为在传统观念和科层制组织结构下基层组织力建设的最大制约因素。为此，要基于现

第一章　新型文明形态生成、党的自我革命与妇联组织力建设

代条件重新定义基层，每个基层组织应被视作一个输出端口，只有当每个基层组织的背后都有整个组织体系的支持，基层才能被激活。

基层妇联的联系机制和组织形态也将呈现多种形态，以实现在不同领域、不同空间的工作覆盖和组织覆盖。在互联网条件下，联系妇女群众不一定要通过传统的科层制的基层组织，妇联组织可以在网络空间直接联系并服务个体化的妇女。为此，多样化的联系机制和组织形态主要包括三类。一是植入式嵌入，即推动妇联的基层组织嵌入体制外新兴生成的经济社会主体和女性社会组织，在"两新"组织中建立妇联组织，实现组织覆盖。即便是在网络社会的今天，通过基层妇联组织联系基层妇女群众仍然是妇联联系机制的基础。二是平台型整合，即妇联作为一个具有组织优势的平台，整合女性社会组织和其他与妇联工作相关的专业化社会组织乃至非正式组织，既通过组织化的方式联系基层妇女群众和女性社会精英，也依托资源汇聚的平台构建妇联工作体系。三是弥散性联系，即在网络空间中，既要通过扩大妇联自身阵地的影响力来联系个体女性，也要通过与网络社群、社交平台、自媒体以及各类女性自发组织的联系，形成弥散性联系女性群体的组织网络。

妇联组织力建设除了要着眼于整体妇联组织联系妇女群众的能力，还要着眼于妇联工作体系的建构，即不仅要依托妇联组织自身的力量，还要充分整合与妇联工

作相关的体制内外的各方资源和力量。在体制内，与妇联工作相关的政策、资金、技术和专业服务资源分属于不同党政部门，妇联要用好妇儿工委等制度性协调机制，积极开拓各类部门间沟通联动机制，打破体制内组织间的区隔，形成体制内合力。在体制外，妇联工作体系建构表现为将女性社会组织以及其他与女性发展相关的专业力量和公益组织聚拢到妇联周围，在妇联的引领和整合下实现资源的有效调配，再输入基层，满足女性发展的差异化需求。为此，妇联要着重发挥引领性的作用，用好作为群团组织的独特优势，为体制外社会组织搭建起与体制内相关部门和资源对接的渠道，打破体制内外区隔，形成高质量和高效率的资源整合。

概括而言，妇联组织力是妇联通过整体的组织体系和力量，发挥妇联组织的作用，有效地、最大化地动员、号召、联系、组织妇女群众，整合各类与妇女发展、儿童发展和家庭建设相关的体制内外资源和力量的能力。这种能力既体现在整体，也体现在基层。组织力建设不能没有基层，也不能只靠基层；不仅是组织建设维度，而且是价值观念、制度机制、新技术运用等各个维度的整体创新。

其中，组织形态创新是提升组织力的重要手段。自2015年群团改革启动以来，妇联组织形态创新已经在顶层设计和整体推进方面取得了重要突破，各地的基层实践也已经涌现出大量的经验和亮点。如今，在中国特色社会主义进入新时代的背景下，为顺应社会主要矛盾的转变，肩负起新时代妇联的使命和任务，妇联组织力还需要进一步的整体提升。围绕提升、巩固、维护妇联组织力的一系列工作，就称为妇联组织力建设。

第四节　提升妇联组织力以助力加强党的全面领导

妇联组织力建设的关键在基层，而基层妇联的组织力建设也会推动妇联组织形态的创新。如果组织形态不创新，就无法从根本上全面提升基层妇联的组织力，尤其是在市场化、网络化和全球化不断深化的条件下，要继续联系好、服务好妇女群众，就必须实现妇联组织形态的全面创新，从而顺应妇女群众生活方式、交往方式、组织方式和现实诉求的深刻转变，发挥好妇联组织的政治功能、治理功能和服务功能。只有妇联的组织力得到提升，党才能通过妇联组织这样一个桥梁纽带更好地联系、号召、组织、整合妇女群众，从而加强党的群众工作，保持好党与群众的血肉联系，进一步加强党的全面领导。

一　组织力建设、基层组织加强与妇联组织形态发展

如前所述，妇联组织力建设最重要的内涵就在于有

效联系、号召、组织、整合妇女群众,这也是妇联作为群团组织最基本、最重要的任务。习近平总书记在党的群团工作会议上指出,党的群团工作要重点解决脱离群众的问题。[①] 在实际工作中,尤其是对于基层妇联组织而言,脱离群众的问题具体就表现为联系、号召、组织、整合妇女群众的能力下降。组织力建设就是要加强这种能力,实现强基固本。

在中国的现代化进程和新型现代文明形态生成的过程中,中国共产党之所以能发挥中轴作用,就在于党能够把原本一盘散沙的多元社会历练组织起来,建构现代国家和现代社会。如今,中国特色社会主义进入新时代意味着当代中国文明形态正从要素生成阶段迈向整体形态发展,即政党、国家、社会和市场层面的主体要素已经生成,而要把这些现代化的多元主体统合起来,建构彼此之间的有机联系,关键还要靠党的组织力。妇联作为党的群团组织,不同于党政部门,也不同于普通的社会组织,其根本任务就在于联系好、服务好妇女群众,担当好党和政府联系妇女群众的桥梁纽带。妇联与相关党政部门有着制度性的联系机制,同时也更能深入基层妇女,深入各类"两新"组织,从而成为在政党、国家、社会和市场之间围绕女性发展的组织化联系机制。可以说,妇联组织力建设就是要充分用好妇联作为群团组织

---

① 《习近平出席中央党的群团工作会议》,新华网,2015 年 7 月 7 日,http://www.xinhuanet.com/politics/2015-07/07/c_1115847839.htm。

第一章 新型文明形态生成、党的自我革命与妇联组织力建设

的独特优势，不断增强在妇女群众和全社会中的影响力、号召力、凝聚力，为妇联工作的有效落实提供组织保障，进而提升党的组织力和加强党的全面领导。

首先，基层组织力的加强是妇联组织力建设的基础。尽管组织力建设涉及多个维度，需要推动整体组织形态的创新，但无论从党的群众工作的优良传统还是从现实工作来看，妇联的大部分功能还要通过加强基层组织力来实现。如前所述，基层妇联组织不应仅仅被视为科层制下贯彻落实上级工作任务的抓手和层层分割资源的区划，更不能以行政化的思维和方式来做群团工作，而是要主动联系基层妇女群众，引领基层女性发展，尤其是要结合本地区、本单位的实际，构建起将妇联的各项工作、各种项目、各类资源配置到基层妇女群众中的有效渠道。否则，随着人们生活方式、交往方式、组织方式和现实诉求的快速迭代，尤其是在互联网条件下人们自我组织化能力的提高，传统的联系机制和工作方法需要进一步调适和发展。

在加强基层妇联组织力的过程中，一方面，要充分激发基层干部和基层组织自身的活力和创造性，盘活基层资源，创新工作方法。为此，基层妇联干部首先要端正思想认识，坚决去除"四化"；要坚持以人民为中心，坚持群团组织本位，深入联系基层妇女群众，发扬党的群众工作优良传统；要清醒地认识到在市场化、网络化和全球化背景下基层妇联组织可能遇到的被边缘化的挑

战，增强责任意识创新精神。同时，要不断提高妇联工作和群众工作的本领，尤其是要提高在互联网条件下联系、服务基层妇女群众的能力，探索适合本地区、本单位女性发展实际的联系机制和工作内容；要善于整合体制内各部门下沉到基层的资源，善于挖掘体制外潜在的专业化服务力量和组织化力量，善于调动基层妇女群众自己的力量来实现自身发展，切实提升基层妇联组织力。另一方面，各级妇联以及各级党组织都要更加关注基层组织力建设，因为基层是组织力建设的关键。要落实好对基层妇联组织的理论指导、政策支持、经费保障、人员配备和资源配置，支持基层妇联组织自主创新，推动基层经验的总结推广，及时回应基层诉求，支持基层妇联组织力建设和组织形态创新。

其次，基层妇联组织力建设要与基层妇联各项具体工作形成良性循环。基层组织力得到加强，妇联就有了现实的力量、具体的手段和相应的网络来嵌入基层，联系到最基层的妇女群众，联系到各类女性社会组织和多元社会力量，最大限度地整合与妇联工作相关的各方资源。由此，基层妇联才能通过这些渠道和机制，将服务妇女发展的各类项目、平台和资源配置到基层，与基层妇女的现实需求匹配，提高妇女群众的获得感、幸福感。在此基础上，基层妇联才能发挥好政治引领功能。当然，正如基层妇联组织力建设要根据各地区、各单位的实际情况，基层妇联具体工作的规划和落实也要根据当地妇

第一章 新型文明形态生成、党的自我革命与妇联组织力建设

女儿童发展和家庭建设的实际需求。正是在各项具体工作持续有效推进的过程中,基层妇联组织力建设所形成的联系机制和渠道才不是空洞的、虚设的,才能持续保持影响力、号召力和凝聚力,才能有现实工作内容的依托。可以说,基层妇联组织力建设和基层妇联各项具体工作之间是相辅相成的,妇联组织力的提升将促进二者的良性循环。

最后,基层妇联的组织力建设也会推动妇联组织形态的创新。如今,妇联对基层组织建设越来越重视,全国妇联和四川省妇联在工作报告中都重点强调了基层妇联组织建设。针对基层组织薄弱、工作经费不足等问题,全国妇联联合有关部门出台《关于进一步支持和推动基层妇联组织建设和基层工作的意见》,制定《关于进一步深化改革、夯实基础,更好发挥基层妇联组织作用的意见》,提出重构妇联组织形态、重塑妇联组织形象、落实对基层妇联工作的经费支持和保障等具有关键性、引领性的改革措施。① 四川省第十三次妇代会报告也指出,要夯实基层基础,全域激活组织力,加强基层妇联规范化建设、阵地建设和组织保障机制建设。② 如前所述,基

---

① 黄晓薇:《高举习近平新时代中国特色社会主义思想伟大旗帜 团结动员各族各界妇女为决胜全面建成小康社会 实现中华民族伟大复兴的中国梦而不懈奋斗——在中国妇女第十二次全国代表大会上的报告》,2018年10月30日,内部资料。

② 郑备:《高举习近平新时代中国特色社会主义思想伟大旗帜 团结引领全省妇女为推动治蜀兴川再上新台阶而不懈奋斗——在四川省妇女第十三次代表大会上的报告》,2018年9月25日,内部资料。

层妇联组织力建设不能只靠基层，除了需要上级妇联为基层赋能、给予基层更多资源支持之外，还需要妇联组织形态创新。同时，基层妇联在加强自身建设时的自主性和创新实践也会推动组织形态创新，以破解体制机制层面的制约因素。事实上，无论是体制机制创新、干部能力的提高，还是技术手段的运用，要加强基层建设，就需要组织形态的整体创新，从而重新定义基层，使得每个基层妇联组织都成为整体妇联组织体系中的有机组成部分。

二 组织力建设、组织形态创新与妇联组织功能实现

不仅是在基层，妇联整体组织力的提升更需要组织形态创新。就其性质而言，妇联作为群团组织，是党和政府联系妇女群众的桥梁和纽带，是国家政权的重要社会支柱，是党开展妇女工作最可靠、最有力的助手，更是巩固党执政的阶级基础和妇女群众基础。① 只有通过组织形态创新加强妇联的组织力，妇联作为党和政府联系妇女群众的桥梁纽带的功能才能真正实现，妇联作为国家政权的社会支柱的功能才能真正实现，妇联服务中心工作、服务妇女发展的功能才能真正实现。

具体来说，妇联《章程》规定了妇联组织九个方面

---

① 《中华全国妇女联合会章程》，中华全国妇女联合会官网，2018 年 11 月 2 日，http://www.women.org.cn/col/col35/index.html。

第一章 新型文明形态生成、党的自我革命与妇联组织力建设

的任务，其基本功能包括政治功能和治理功能。

从政治功能的角度来讲，妇联一方面要充分发挥组织优势，通过多样化的联系机制和深入基层的组织网络联系、服务广大妇女群众，使妇女群众认同党的领导，巩固党的执政基础，体现妇联作为党的群团组织的政治性。另一方面要为妇女群众提供表达自身诉求的渠道，尤其要用好妇联在各级党委、政府、人大、政协中的渠道优势，代表好基层妇女群众的利益。为此，妇联要组织引导妇女学习贯彻习近平新时代中国特色社会主义思想和党的路线方针政策，用中国特色社会主义共同理想凝聚妇女；要代表妇女参与管理国家事务、管理经济和文化事业、管理社会事务，参与民主决策、民主管理、民主监督，参与有关法律、法规、规章和政策的制定；要倾听妇女意见，反映妇女诉求，向各级国家机关提出有关建议。

从治理功能的角度来讲，妇联作为国家治理体系的重要组成部分，要充分发挥自身的先进性和专业性，围绕中央和各地区、各单位的中心工作，团结带领妇女群众投身经济社会建设，促进妇女儿童事业发展。为此，妇联要团结动员妇女投身改革开放和社会主义经济建设、政治建设、文化建设、社会建设和生态文明建设，注重发挥妇女在社会生活和家庭生活中的独特作用，为中国特色社会主义伟大实践做贡献；要参与社会治理，推动保障妇女权益法律政策和妇女、儿童发展纲要的实施；

要维护妇女儿童合法权益，要求并协助有关部门或单位查处侵害妇女儿童权益的行为；要教育引导妇女践行社会主义核心价值观，弘扬中华优秀文化。

为更好地实现妇联组织的功能，妇联组织力建设和组织形态创新首先必须立足新时代妇女发展的新特点，牢牢把握妇女群众的主体性地位。在市场化、网络化和全球化不断深化的条件下，妇女群众的生活方式、交往方式、组织方式、现实诉求以及女性发展的需求都在发生深刻转变。尤其是在交往方式和组织方式上，一方面，随着单位体制的解体，人们的工作生活空间和社会关系网络都变得日益多元化；另一方面，随着网络社会的到来，网络虚拟空间不仅成为人们日常交往最重要的空间，而且还大大增强了人们自我组织化的能力，实现在网络空间上的同质化聚集与互动。这些都要求妇联的组织形态要在价值、制度、技术和组织维度实现全面创新。诚然，组织形态创新绝不是对科层制组织结构的否定，而是要根据妇女群众交往方式和组织方式的转变，形成多样化的联系机制和组织机制。

同时，妇联组织力建设和组织形态创新还必须立足新时代社会形态发展和国家治理现代化的新特点，更好地发挥勾连各类主体性要素的组织化联系机制作用。如前所述，随着中国特色社会主义进入新时代，政党、国家、社会和市场中的各类主体性要素都已经在现代条件下生成，当代中国文明形态发展已经从要素生成阶段进

第一章 新型文明形态生成、党的自我革命与妇联组织力建设

入整体跃升阶段,其发展关键在于如何增强各要素之间的有机化。为了适应在新的发展阶段推进党和国家各项事业,党的十八届三中全会提出推动国家治理体系和治理能力现代化。妇联作为国家治理体系的重要组成部分,要充分发挥自身作为群团组织的独特优势,围绕妇联工作紧密联系体制内外的各类主体和组织化力量,形成多元主体共同参与的联系机制和组织机制。

为此,要着力打破三类区隔。一是要打破体制内组织间区隔,即体制内部门之间、条块之间的区隔,实现体制内资源的充分整合和高效利用,实现跨系统、跨部门、跨区域的协调联动。二是要打破体制内外区隔,尤其是要积极吸纳、挖掘、整合体制外新兴社会力量和专业化力量,为体制外经济社会组织搭建与体制内部门相对接的渠道,促进形成多元主体共同参与的社会治理和公共服务体系。三是要打破网络空间和物理空间的区隔,用好互联网平台和新媒体,提升妇联各项工作实效,尤其是要增强妇联在青年女性群体中的影响力、凝聚力,实现线上线下联动。由此,妇联才能发挥好政治功能、治理功能和服务功能,才能实现政治性、先进性、群众性的要求。

三 组织力提升、妇联组织发展与党的全面领导加强

2018年7月,习近平总书记在全国组织工作会议上

指出，党的力量来自组织，党的全面领导、党的全部工作要靠党的坚强组织体系去实现。进入新时代，开启新征程，我们必须更加注重党的组织体系建设，不断增强党的政治领导力、思想引领力、群众组织力、社会号召力，把党员组织起来，把人才凝聚起来，把群众动员起来，为实现党的十九大提出的宏伟目标团结奋斗。① 事实上，党的组织体系不仅包括党的自身组织，还包括党的群团组织。正是为了更好地联系各界群众，才建立了相应的群团组织，妇联就是其中之一。妇联组织形态创新是妇联组织力建设的重要内容，也是实现整体组织发展的基础，当妇联组织力得到系统提升，党就能通过妇联组织这样一个桥梁纽带更好地联系、号召、组织、整合妇女群众，从而加强党的群众工作，保持好党与群众的血肉联系，进而加强党的全面领导。

妇联组织力建设能够助力加强党的全面领导，主要表现在以下四个方面。一是党的群众基础得到了加强。群众基础是党的执政基础，依靠群众、服务群众是党的优良传统。妇联是在党的领导下，由妇女群众组织起来的群团组织，作为党开展妇女工作和群众工作的助手，妇联更能贴近基层妇女群众，在妇女群众中更有认同感。由此，党能更好地代表妇女群众的根本利益，妇女群众也能更好地发挥主体性。二是党服务妇女群众的手段和

---

① 《习近平在全国组织工作会议上的讲话》，共产党员网，2018 年 7 月 3 日，http://www.12371.cn/2018/09/17/ARTI1537150840597467.shtml.

方法更加有效。妇联作为党开展妇女工作最可靠、最有力的助手,在服务妇女群众实现全面发展方面更具专业性、先进性,也更能整合到多元社会力量,满足妇女群众多样化的发展需求。三是党联系基层妇女群众的组织网络更加扎实。妇联组织更能深入基层妇女,嵌入各类体制外社会组织,通过妇联的渠道构建联系网络也能更好地避免刚性副作用,最终都汇聚到党的联系网络中。四是基层妇女群众通过党的组织体系实现利益诉求的表达和传导的渠道更加畅通。党要代表人民的整体利益,要统筹兼顾各方的诉求,而妇联则更有针对性地代表妇女群众的利益诉求,直接为妇女群众、女性社会组织和女性精英提供政治参与和表达诉求的渠道,从而助力党的组织体系在自上而下贯彻各项工作要求的同时,自下而上地传递基层声音和需求。

当然,妇联组织建设尤其是在基层层面也需要党组织的推动和帮助,党建带妇建的机制还需要不断完善。但同时,正是在妇联组织建设的助力下,党的主张和组织体系得以更有效地嵌入基层妇女之中,真正实现工作覆盖和组织覆盖。

从具体的机理来看,党之所以能够在中国的现代化进程中发挥中轴作用,是因为党能将国家、社会和市场层面的多元主体性力量有效整合起来,形成彼此间的有效互动和整体的有机性。其中,妇联围绕妇女发展、儿童发展和家庭建设的命题,勾连起了政党、国家、社会和市场之间的联系机制。在党和国家层面，妇联组织的发展表现为在党委、人大、政府和政协中的表达更为有效，能够将更多来自基层妇女群众的诉求传导到决策和立法机制中，能够提出更具专业性和可操作性的意见建议；同时，妇儿工委作为各级政府负责妇女儿童工作的协调议事机构，其沟通协调作用进一步加强。妇儿工委办公室设在妇联，这是妇联的一大优势，妇联可以通过这一制度性的沟通协调机制，推动实现体制内跨部门的资源整合和协调联动。在社会层面，党通过妇联能够更加有效地嵌入社会基层，服务妇儿发展，促进家庭建设。这其中既包括在现实物理空间中，联系各类女性社会组织和各界女性群体，整合专业化服务力量，也包括在网络虚拟空间联系凝聚各类女性自我组织化的社群乃至个体女性。在市场层面，党和政府得以通过妇联组织维护好妇女职工的权益，发挥妇女在市场经济中的创造性。同时，企业也可以通过建立妇联组织进而接入妇联的组织网络，优化企业生态和企业形象，为企业发展对接到更多资源。由此，通过妇联的各项工作，政党、国家、社会和市场之间的互动联系机制得到了加强，党的组织力也得到了提升。

如今，女性的力量不仅表现在工作岗位上，而且体现在社会公共领域和家庭空间内发挥的重要作用，同时也成为网络社会的重要参与力量。由此，妇女全面发展的命题在新时代背景下的重要性愈加凸显。一方面，妇

第一章　新型文明形态生成、党的自我革命与妇联组织力建设

女对全面发展的诉求愈加强烈，在其内部又根据地区、年龄、阶层等结构性因素分化为多样化的具体需求。另一方面，无论是经济建设还是社会治理，妇女的作用也更加突出。对于党的事业和国家发展大局而言，联系好、服务好妇女，就稳定住了"半边天"。这"半边天"既是党和妇联的联系对象、服务对象，也是经济社会发展不可或缺的主体力量。事实上，从革命、建设到改革的各个历史时期，妇女群众始终为党的事业撑起了"半边天"，妇联也始终是党和妇女群众之间的桥梁纽带。如今，巩固了妇女"半边天"，党的领导和党的事业就获得了稳定、持续的群众基础，党的全面领导由此就得到了进一步加强。

第二章　组织力建设与妇联组织发展
——新时代四川妇联发展的机理

妇联组织力是通过发挥整体组织体系的力量和作用，有效地、最大化地动员、号召、联系、组织妇女群众与整合资源的能力。妇联组织力建设一方面要发挥传统科层制的组织优势，在全国层面、地方层面和基层层面形成合力；另一方面也要顺应网络社会的发展，通过网络实现组织重塑。妇联组织力建设也是体现群团组织政治性、先进性、群众性的过程。就四川妇联而言，组织力建设就是要锻造西部崛起背景下女性发展的组织基础，推动实现妇女发展与治蜀兴川同频共振。妇联组织力建设的最终目标是更好地实现妇联组织的功能，包括政治功能、治理功能和服务功能。为此，妇联要从价值、制度、技术和组织四个维度入手，实现组织形态创新，推动生态化、平台性、枢纽型的组织形态发展。

第二章 组织力建设与妇联组织发展

第一节 妇联组织力建设的主要内涵与基本维度

妇联既与相关党政部门有着制度性的联系机制,又能深入基层妇女,深入各类"两新"组织,是党和政府与广大妇女群众联系的桥梁纽带。新时代的发展需求以及妇联自身独特的地位和作用决定了妇联必须加强组织力建设。妇联组织力建设就是要充分用好妇联作为群团组织的独特优势,不断增强在妇女群众和全社会中的影响力、号召力、凝聚力,为妇联工作的有效落实提供组织保障,进而提升党的组织力和加强党的全面领导,这也是妇联作为群团组织最基本、最重要的任务。具体而言,妇联组织力建设包括政治影响力、社会号召力、权益维护力、组织覆盖力、群众凝聚力和自我革新力六个基本维度,妇联组织力建设也是体现群团组织政治性、先进性、群众性的过程。四川省妇联要做好组织力建设不仅需要抓牢这六个基本维度,还要结合自身的地域特点和发展定位,实现妇女发展与治蜀兴川同频共振。

一 妇联组织力建设的主要内涵:基于"结构—功能"主义理论视角的分析

"结构—功能"主义理论认为,组织的结构和形态是服务于组织的功能的,组织功能是组织形态变迁的本质规定，组织形态的发展和变化则是为了更好地推动组织功能的实现。同样，结构的存在以功能的存在为前提，如果功能不存在，结构即使存在也会走向虚化。妇联组织的功能主要包括政治功能、治理功能与服务功能，妇联组织力建设的主要内涵就是通过发挥妇联组织的作用，对妇女群众进行有效的组织和整合的能力，来更好地实现上述功能。要实现妇联组织的上述功能必须从两个方面入手：一方面要"找到对象"，就是要通过妇联把广大妇女群众组织动员起来；另一方面要整合资源"服务对象"，这就要求妇联把各类与妇联工作相关的力量和资源聚集起来，形成合力，统筹规划，以更好地服务于广大妇女群体。具体来看，妇联组织要实现整合资源的目标必须做到以下四个方面。

第一，从全国妇联层面来看，要加强妇联整体组织力，做好整体妇联组织力建设的顶层设计工作。2018年，中国妇女第十二次全国代表大会明确指出："党和国家从我国基本国情和妇女发展实际出发，加强顶层设计、系统谋划，男女平等基本国策的实施迈出历史新步伐。"① 这充分表明我国妇女的发展不是单纯地对妇女群众的工作，而是关系到党的群众基础和人民安居乐业的重要问题，这就要求我们将党和国家的整体发展战略

---

① 黄晓薇：《高举习近平新时代中国特色社会主义思想伟大旗帜　团结动员各族各界妇女为决胜全面建成小康社会　实现中华民族伟大复兴的中国梦而不懈奋斗——在中国妇女第十二次全国代表大会上的报告》，2018年10月30日，内部资料。

与妇联工作充分结合起来，一方面将做好妇女工作、发展妇联的组织力量作为党和国家发展的重要基础，另一方面妇联工作也要统筹于整体国家发展的战略之中，作为一个重要抓手来服务于全局工作。2016年，中共中央办公厅印发了《全国妇联改革方案》，从七个方面提出了改革措施，强调妇联改革必须抓住全面深化改革重大历史机遇，以强烈的责任担当和自我革新勇气，全面推进全国妇联改革，引领带动各级妇联组织改革，努力提高为党做好妇女工作的能力和水平，开创妇联工作新局面。新时代下我国社会主要矛盾发生深刻变化，广大妇女对美好生活的向往更加强烈，她们期盼参与发展获得更广阔的舞台，期盼自身权益得到更有力的保障，期盼家庭更加幸福美满，期盼社会更加和谐。妇联工作既面临难得机遇，也面临新的挑战。这就要求，面对市场化、网络化和全球化的挑战，各级妇联组织要牢牢把握增强政治性、先进性、群众性的根本要求，加强组织力建设，创新动员妇女服务大局的载体和方式，把各项工作和各类资源配置到妇联组织体系的相应层级。

第二，从地方妇联层面看，要结合本地特点做好地方妇联组织力建设工作。本地区特点既包括当地的社会经济发展状况，也包括当地妇女发展水平，做好地方妇联组织工作不仅要考虑地域特点，还要将本地区党委和政府的中心工作与本地的妇联工作相结合。这就要求地方妇联发挥好承上启下的关键作用，一方面要把上级妇联组织安排的政治任务传达和落实,另一方面也要结合本地的实际情况,创新工作方式和工作方法,将本层级的妇联组织作为往下层组织开展妇联工作的坚实基础。每一项工作的开展都需要制度保障,制度的落实则依赖具体的组织工作来配置资源、运转机制、焕发活力,组织力建设正是对这一过程的重视和强调。要实现本地妇女的发展必须以妇联组织为基础和载体,妇联组织力建设为本地区中心工作、本地区妇女发展、本地区妇联工作提供组织基础,只有加强妇联的组织力建设,才能更有效和有力地解决妇女工作中存在的问题,切实促进妇女发展、儿童发展和家庭建设。

  第三,从基层妇联层面看,基层妇联是妇联组织力的直接体现,要激活基层活力,使基层成为服务于妇女群众的端口。在传统科层制结构中,基层组织往往只扮演着执行者的角色,但是妇联不同于党政机关,而是联系和服务广大妇女群众的群团组织。群众工作的特殊性就在于创造性和灵活性,要做好群众工作必须从当地实际出发,根据本地情况去创新性地落实工作,调动广大群众的积极性,参与本地区的发展。同时,由于科层制内生的层层划分,制约了基层组织的资源禀赋和配置资源的能力,为了真正把资源用在"刀刃"上,就必须将资源向基层倾斜,上级组织也必须有服务基层的意识,激活基层活力。基层妇联组织不仅仅是深入基层妇女群众的神经末梢,还是服务基层的端口。如今的互联网等

第二章 组织力建设与妇联组织发展

技术手段可以起到优化资源配置的作用，这样就不必将所有的资源细分到基层，而是可以让基层主动调取自己所需要的资源和支持，这样一方面提高了资源和社会力量的效率，另一方面焕发了基层活力，对基层工作中遇到的问题对症下药。

第四，在科层制组织体系之外，要善用互联网等新技术加强妇联组织力建设。科层制是现代社会高效运转的必要条件，但是科层制中存在的局限性则需要新技术打破区隔，从而最大限度地利用一切可利用的资源服务于人民。妇联的组织力一方面体现在组织妇女群众的能力，另一方面体现在整合资源的能力。为此，既要通过互联网等手段在网络空间内弥散性地联系原子化的妇女群众，也要整合多元社会力量，从而精准对接妇女群众的多样化的发展需求。根据"结构—功能"主义理论，组织的结构和形态是服务于功能的，这就意味着在妇联组织力建设中，一切能够加强妇联组织力的方法都应该选择性地吸纳，一切能组织和服务广大妇女群众的组织结构和方式都应该合理选用。

总之，组织力建设的基本内涵就是：在互联网条件下，在充分发挥既有妇联组织的组织优势的同时，更加有效地发挥妇联的组织功能，并充分运用和适应互联网条件下的妇联组织的新技术手段和动员组织手段，从而有效地整合、组织和动员各方力量，既为妇女服务，也组织妇女为中心工作服务，这就是妇联组织力建设的具体内涵。

二 妇联组织力建设的基本维度：基于群团功能实现的组织维度分析

"基层党组织组织力强弱直接关系到党的创造力、凝聚力、战斗力和领导力、号召力，对党执政兴国具有重要影响。"① 根据党中央对党的基层组织建设的新部署，妇联组织要想发挥好政治功能、治理功能与服务功能，还要落实到具体的组织维度中来。具体来看，妇联组织力建设的基本维度包括六个方面：政治影响力、社会号召力、权益维护力、组织覆盖力、群众凝聚力和自我革新力。牢牢抓住这六方面的建设维度，不仅能够全面提升妇联的组织力，还能更好地实现妇联作为群团组织的应有功能。

第一，政治影响力。党的群团组织具有显性的政治性，是党在社会基层中的战斗堡垒，是党的领导延伸到基层的重要载体。因此，作为党的主要群团组织之一的妇联，其政治性也是组织力的第一属性。要加强妇联的组织力建设必须有正确的政治方向和理论保障，这就要求妇联始终在党的领导之下开展政治工作，发挥党的政治优势，把党的全面领导落实到妇联的各级组织中来。与此同时，妇联是连接党和广大妇女群众的桥梁纽带，

---

① 李小新：《全面提升基层党组织组织力》，《光明日报》2017年11月27日。

代表着党和国家的形象以及广大妇女群众的最根本利益,这就要求妇联组织在妇女群众中提高政治影响力,尤其是通过基层的妇联组织端口,凝聚妇女力量,发挥群体优势,完成政治使命。可以说只有提高了妇联组织的政治影响力,才能最大限度地联系和组织妇女,并在党和国家的领导下完成每个阶段的发展任务,激发基层活力,从而促进妇女群众的全面发展。

第二,社会号召力。群团组织不仅具有政治性,也具有社会性,群团组织的社会性要求妇联有强大的社会动员能力和号召力,没有群众基础的群团组织是虚化的,没有最大限度地组织和凝聚妇女的妇联也就没有充分体现其社会性。加强妇联的社会号召力既指妇联号召和组织妇女群众,使她们参与妇女发展的事业,也包括发挥群团组织优势和特色,号召、动员和整合一切社会力量,服务于妇女群众的发展。这就要求,一方面,妇联要创新工作方式方法,最大限度地把妇女群众动员起来,保持党同妇女群众的血肉联系,使妇联成为党组织、发动群众的有力助手,更广泛、更有效地把人民群众凝聚起来;另一方面,还要考虑到妇女工作的特殊性,从我国妇女当前所处的历史阶段和社会定位出发,从妇女最根本的需求出发,从妇女呼声最多的问题出发,号召一切社会力量,整合一切社会资源为妇女群体所用,形成妇女与社会之间的良性互动。

第三,权益维护力。依法维护和保障妇女儿童的权益、促进家庭和谐发展是妇联的主要职能。党的十九大报告中指出"坚持男女平等基本国策，保障妇女儿童合法权益"①，再次向全世界宣示了我们党在新时代中国特色社会主义伟大事业中同步推进妇女事业发展的坚定决心。妇联作为党和政府联系妇女群众的桥梁和纽带，有着上传下达的职能，这就要求妇联要把收集到的妇女群众信息有效地传递给妇女权益保障的决策机构和有关部门，从而让相关党政部门能够更有效地做好维护妇女权益的工作。只有加强妇联的权益维护力，才能让广大妇女群众切实体会到改革开放的成果，增加获得感，也能让妇女增进对妇联组织和党组织的认同。

　　第四，组织覆盖力。组织覆盖力是考验一个执政党执政能力和执政效力的重要指标。妇联组织作为党和政府联系妇女群众的桥梁纽带，只有依靠妇联组织的全覆盖，才能实现联系与组织最大多数的妇女群众。提升妇联组织的组织覆盖力，就是要推动妇联有效嵌入各类社会组织，党的工作有效覆盖各界妇女群众，为坚持和落实党的领导、发挥基层党组织战斗堡垒作用和党员先锋模范作用奠定坚实基础。要做到妇联组织覆盖力的提升，一方面要扩大有效覆盖，建立健全妇联的组织体系，切实做到哪里有妇女哪里就有妇联工作、哪里有妇女党员

---

① 习近平：《决胜全面建成小康社会　夺取新时代中国特色社会主义伟大胜利——在中国共产党第十九次全国代表大会上的报告》，人民出版社 2017 年版，第 47 页。

哪里就有妇联组织、哪里有妇联组织哪里就有妇联组织作用的充分发挥；另一方面还要创新设置方式，适应经济社会结构、社会组织形态、生产生活方式等深刻变化，确保各界妇女群众都纳入妇联的组织体系和工作体系之中，焕发基层妇联组织的生机与活力。

第五，群众凝聚力。妇联组织的群众凝聚力就是找到、接触到妇女群众的能力，就是把分散的妇女群众从一盘散沙的状态经过有效组织变成有机合力的能力，就是动员妇女团结起来服务国家中心工作和妇女自身发展的能力。提升妇联组织的群众凝聚力，关键在于使妇联深深植根于社会基层和广大妇女群众之中，坚持党的根本宗旨不动摇，贯彻党的群众路线不偏离，把党的正确主张变成妇女的自觉行动，组织引领妇女群众听党话、跟党走。这就要求级妇联组织要落实以妇女为中心的工作导向，把维权服务同履行政治职责紧密联系起来，把妇女群众日益增长的美好生活需求挂在心上，把党的关怀和温暖送到广大妇女群众中，不断增强妇女的获得感、幸福感、安全感，为党凝聚妇女人心。

第六，自我革新力。2015年，习近平总书记在中央党的群团工作会议中对群团组织提出了"要增强自我革新勇气"①的要求。提升群团组织自我革新力，就是要以正视问题的自觉、以刀刃向内的勇气、以改革创新的

---

① 《习近平出席中央党的群团工作会议》，新华网，2015年7月7日，http://www.xinhuanet.com/politics/2015-07/07/c_1115847839.htm.

精神,着力解决自身建设中存在的突出问题,推动基层组织和基层干部自我净化、自我完善、自我革新、自我提高。① 对于妇联组织而言,只有不断进行革新,才能跟上形势的发展和时代的变迁,时刻保持旺盛的生命力,更好地落实党和国家的政治任务,更好地完成为妇女谋发展的使命。这就要求妇联一方面要把群团组织改革成果进一步巩固好,转化为妇联组织力的内容,把妇联建设更加充满活力、更加坚强有力,使妇联成为推动国家治理体系和治理能力现代化的重要力量;另一方面还要解决现阶段存在的问题,提出改进策略,服务好妇女发展。

三 四川省妇联组织力建设的主要内涵与基本维度:基于地方特点的界定

任何事物都既有普遍性也有特殊性,上文主要从普遍的层面提出了妇联组织力建设的主要内涵和基本维度。然而由于不同地区经济社会发展程度不同,妇女发展的需求和问题也就存在差异,因此,各地区在开展妇联工作时,要将具体内容和工作方式同当地实际情况相结合,在党的领导与全面统筹之下,将组织力建设落实到具体的实践工作之中。四川省妇联作为联系四川省党委、政府和本省全体妇女群体的组织,在开展妇联工作时必须

---

① 李小新:《全面提升基层党组织组织力》,《光明日报》2017年11月27日。

考虑到四川省妇女所处的历史时代和发展定位，在西部崛起的发展战略下，在区域内部发展差异性的情况下，在市场化、网络化和全球化的大背景下，做好承上启下工作，凝聚妇女力量，围绕中心工作，发挥服务职能，实现四川省妇女发展与治蜀兴川的同频共振。

第一，抓住西部崛起的战略机遇，充分调动一切可能的资源和力量为四川省的妇女儿童服务。西部崛起战略是党中央总揽全局、面向21世纪做出的重大决策，该战略提出要重点抓好基础设施和生态环境建设、发展科技教育事业、国家在税收等经济政策上加大对西部地区的支持等具体举措。四川省妇联应该抓住这一战略机遇，增强自我发展能力，在改革开放中走出一条为当地妇女谋发展的新路。具体做法包括六个方面：第一，加强四川省妇联的政治影响力，将西部崛起战略与精准扶贫战略结合起来，做好政策的上传下达，提升党在妇女群众中的号召力，为党巩固好执政的妇女群众基础，塑造妇女群众对党的政治认同。第二，提高四川省妇联的社会号召力，扎实开展"巾帼建新功"的实践活动，围绕创业创新、乡村振兴、基层治理、家庭家教家风，引领广大妇女建新功，为推动治蜀兴川再上新台阶贡献妇女力量。第三，增强四川省妇联的权益维护力，重点关注偏远山区妇女就业问题和家庭关系问题，保障适龄儿童接受义务教育的权利。第四，强化四川省妇联的组织覆盖力，重塑妇联组织形态，致力于形成"上面千条线，下面一张网,身边一个家"的组织建设新格局,通过创新妇联组织建设,不断扩展四川省妇联组织和工作的全覆盖。第五,加强四川省妇联的群众凝聚力,认真贯彻中央、省委对群团改革强"三性"、去"四化"的要求,全面深化改革,通过激活组织、激活制度、激活队伍、激活个体来达到全域激活基层各类要素和主体的效果,有效提升四川省妇联联系、整合群众的能力。第六,发展四川省妇联的自我革新力,正视地方妇联组织力建设中存在的问题,找出有效对策,以"钉钉子"的精神和勇于"啃硬骨头"的决心来攻坚克难。

  第二,考虑省内地区间发展的差异性,因地制宜地开展妇联工作。作为西部大省,四川省在整体跃升发展的同时,内部区域之间还存在着一定程度的发展不平衡、不充分的状况。由于人口众多,省内区域之间差异显著,四川省妇女发展现状呈现出了多层次的复杂性:在成都等经济条件相对发达的地区,妇女发展的目标和任务总体上与东部省份看齐,但在其他欠发达地区,基层妇联还需要引导并引领妇女发展,为当地妇女解决一些基础性和保障性的问题。例如,在提升四川省妇联的权益维护力方面,就要根据省内各区的不同经济文化发展水平,组织和凝聚妇女群众,解决当地妇女面临的燃眉之急,因地制宜地为当地妇女谋出路促发展。对于成都等社会资源相对丰富的地区,四川省妇联的工作重心应该放在就业机会平等、保障适婚女性劳动权益、满足女性的精神文化发展需求等方面；对于省内经济欠发达地区的妇女工作，应该把工作重心放在加强法制宣传教育、提升妇女文化素质、培养妇女就业技能、改善妇女生活条件、改变重男轻女意识等方面。总的来说，要深化四川省妇联组织改革必须以地域间差异为导向，由整体改革方案到基层具体落实，把改革落准落细落实，使妇联的改革更加精准地对接地区发展需要和当地妇女发展需要。

第三，在市场化、网络化和全球化的发展趋势下，善用技术手段，创新工作方式方法，抓住妇女群体发展的新机遇。随着时代的发展，我国社会结构和社会运行方式显著变化，妇女的价值追求、交往方式和生存形态呈现多元化特点，妇联组织在组织覆盖、功能发挥等方面存在诸多挑战。站在新的历史起点上，四川省妇联要推动四川妇女事业发展，做好四川妇联工作，既要顺应时代潮流、着眼四川女性的全面发展，也要紧扣四川地方实际、找准着力重点，更要直面矛盾挑战、用好思想理论武器。首先，善用技术手段，服务于本地妇女发展。网络技术是信息时代的核心要素，四川省妇联在组织和凝聚妇女群体时，应该推进大数据、云计算、人工智能等技术手段在妇联工作中的运用，不断提高运用互联网组织动员妇女、宣传引导妇女、联系服务妇女的本领，实现线上、线下两条战线和虚拟、现实两个空间共同开展妇女群众工作。其次，面对新时代的挑战，要坚定发展妇女群众的目标，因地制宜开展妇联工作。比如，在交通不便的偏远地区就可以利用网络技术和网上市场发展灵活就业，引入电商平台，为当地妇女生产的具有当地特色的手工制品打开广阔的销售渠道。再次，坚定妇女思想，对网上的错误思想言论，敢于发声亮剑，澄清模糊认识，牢牢掌握网上舆论工作主动权。最后，要进一步健全直接联系服务妇女群众的长效机制，通过创新妇联干部下基层的方式方法，扩大姐妹微信群、"朋友圈"，用好"妇女之家""妇女微家"等，打通与妇女群众联系的"最后一公里"，不仅"身入"，而且"心入""情入"，把妇联组织的根更深、更广地扎在广大妇女群众之中。

第二节 组织力建设与妇联组织特性实现

在建构公共权力方面，群团组织起到政党、国家、社会和人民群众之间的桥梁作用。群团组织一方面广泛地联系各类群众并建立社会联系，另一方面接受党的领导从而实现先进性与政治性，最后将这些优势落实到联系、服务群众的各项工作中。实现桥梁作用的关键在于各类群团组织能否基于自身联系群众的不同特点而开展组织力建设。组织力的实现是群团组织整合各方力量的基本前提。妇联由于要广泛地联系和服务各界妇女群众，因而其组织工作对于公共权力建构的意义更为重要。如何根据妇联组织特性重塑相匹配的组织体系，进而既兼顾组织对妇女群众的联系与引领能力，又能在这些事务性联系的基础上加强妇联组织的政治影响力，将是妇联改革与妇联组织力建设的关键问题之一。

一 在政治性、先进性和群众性之间：妇联组织的基本特性

习近平总书记在党的群团工作会议中强调要保持和增强党的群团工作和群团组织的政治性、先进性和群众性，明确提出深化群团改革的重大任务，开启了党的群团事业发展历史新阶段。从理论上看，"三性"的提出明确了群团组织的基本特性：第一，政治性要求群团组织的服务功能与社会联系能有效地体现并加强其政治性，从而加强党的全面领导。第二，先进性要求群团组织时刻保持与时俱进，从而不断将新生社会力量吸收到群团的组织网络内；第三，群众性要求群团组织广泛地联系、服务各自的对象群体，由此确保其相对于不同社会群体的代表性。从实践上看，政治性是群团组织建设的首要目标，先进性与群众性则是与这一目标紧密联系的组织特性。妇联组织作为群团组织中最重要的成员之一，需要将"三性"结合自身工作特点，从而进一步细化妇联改革工作的框架细节，明确其组织的基本特性。

政治性建设有"自上而下政策下达"与"自下而上利益表达"两个层次。其中，前者是指确保党和国家政策下达的畅通无阻并精准服务政策对象，从而保证各类

政策的服务效果；后者是指确保群众利益表达的畅通并根据诉求开展工作，以此保障不同人群的利益兼顾，增强政府工作的全面性与党对社会各界力量的代表性。就妇联建设而言，完成两个层次的建设工作必须以加强体系内与体系外的组织力建设为前提。一方面，要通过充分发挥体制内的制度性优势，通过妇儿工委等协调机制，与相关党政部门建立更加紧密的协同机制；同时，要保证各项政策更为直接便捷地到达各界妇女。另一方面，要通过与不同妇女群体在服务工作中建立组织联系，确保她们的利益诉求能够更为直接地传导到组织内部，打破利益表达的区隔，并对妇女群众的多样化发展诉求给予相应的回应。

先进性建设不在于直接将群团组织的服务功能打造得面面俱到、无所不能，而是保证其能够有效联系社会各方先进力量，在群团的组织体系内实施智慧众筹，从而实现先进性。其中，实现先进性的关键是通过与具有专业化能力的"两新"组织建立广泛联系，从而确保市场与社会领域的组织力量与群团组织建立有效的联系机制。从妇联工作来看，广大妇女已经广泛参与了"两新"组织的建设和发展，这有利于建立制度性联系。然而，妇联对社会力量的整合不仅需要制度性联系，更需要通过具体社会治理工作建立常态化的工作机制，在事务处理的过程中增强妇联与各类社会力量以及其中的女性精英的联系，提高她们的才干和在治理和服务工作中的作用，以便进一步将她们的影响力发展为妇联组织的号召力。

群众性建设需要坚持"群众路线"，保证在服务群众的同时，兼顾各界群体的不同特点，从而建立广泛的联系。有效建设群众性的关键在于以服务工作为契机，深入基层群众，从而掌握群众内不同利益诉求的特点。这一工作不仅考验干部的群众工作能力，同时有赖于组织网络的建设。只有将各方群众整合进组织网络中，基层工作者才能更有效地协调各方并加强社会联系。由于不同妇女群体在职业身份与社会空间的巨大差异，妇联的群众性建设任务十分艰巨，需要充分利用网络社会的机遇，实现基层妇联组织建设与网络妇联组织建设有机融合，使得妇联的联系机制与妇女群众的多重交往空间相匹配，从而增强妇联的群众性。

由此可见，政治性、先进性和群众性的实现都必须以组织力建设为前提。妇联作为群团组织，不同于党政部门，更依赖利用柔性的社会联系来建构公共权力并发挥其应有作用。从过去的实践来看，妇联组织力建设主要面临着基层空间与网络空间两个方面的挑战。基层空间中组织力建设容易被局限在妇联与直接服务对象之间，限制了服务功能向政治功能的上升，同时也制约了社会联系的广度。因此，组织力建设任务在基层空间内表现为社会联系的建构、扩散与再整合，从而将多元社会力量编织成围绕妇联运转的关系网络，激活其内在动力。

网络空间的组织力建设往往受制于传统科层制组织结构的区隔,没有充分发挥互联网平台弥散性联系妇女群众、跨区域整合资源的优势。因此,组织力建设任务在网络空间内主要是将基层空间与网络空间有机融合起来,从而降低由上至下资源输送的区隔与成本,同时加强不同妇女群体和多元参与主体通过网络空间由下至上的意见表达,进一步增强妇联在社会的组织力与影响力。由此可见,妇联改革中组织力建设的关键,是在社会联系机制与组织形态重塑之间找到具有自身特性的结合点,进而更好地完成"三性"建设所要求的任务目标。

二 在联系和组织之间:组织力建设与妇联特性实现

妇联组织力建设需要兼顾基层空间内的社会联系与网络空间内的组织关系,保证组织的运行能够在两个空间有机融合,从而尽可能地在服务各方需求的同时实现团结引领妇女群众,将妇女力量整体有机地纳入中国特色社会主义建设之中。马克思主义认为,政治起源于围绕公共事务的治理所建构的公共权力,而后公共权力在治理中渗入社会关系中以增强其组织力。因此,妇联组织力建设的起点应与服务工作有机融合,通过治理和服务功能的发挥精准建立与不同妇女群体的社会联系,在基层空间内将社会联系编织为具有自主能力的组织网络,最终在网络空间的联动与融合中推动符合时代要求的妇联组织形态。

做好精准服务工作是有效建立社会联系的基本前提。随着社会主义市场经济的不断发展，妇女群众的社会关系和交往空间呈现出极大的多样化的特征，过去单位体制影响不断被削弱，单一化的动员模式亦不再有效。在这一背景下，不同妇女群体间的需求亦呈现出日益纷繁的局面。为了能够在市场化持续深化的时代准确把握妇女群体内部的组成，必须首先以精准服务的方式勾勒不同群体的社会诉求结构，完成现代女性社会联系的再分类工作。精准服务的再分类工作不仅有助于实现各方利益的兼顾，同时有利于妇联在基层空间中建构起与不同群体的差异化关系，实现群众性的建构。"上头千条线，下面一张网"，基层搭建组织网络的"线"不能仅仅依靠上级资源的配置，而应该利用好自身在服务工作中产生的社会联系。妇联组织在建立社会联系时，要在精准服务中有意识把握各个群体的不同社会联系，并将它们根据治理事务重新整合进妇联搭建的平台内，从而建立起基层空间的组织网络。

基层空间组织网络建设的最终目的是建构妇女群众妇女发展和公共事务时的自主组织力，进而强化妇女对公共权力的认同感。目前精准服务工作中，许多社会联系仅仅是以妇联为轴心的单向联系，不同社会联系之间仍有一定的区隔存在。建设组织网络旨在将不同社会联系以妇联为组织与协调的平台进行重新整合，从而降低资源配置的成本，提升基层空间自发促进妇女发展、应对治理事务的能力。同时，基层妇联组织要根据当地的具体发展情况，将同各行业的优秀妇女的社会联系置入组织体系内。为此，要灵活运用多种联系机制，不仅限于联席会议、政府购买等传统手段，更可以通过竞赛评比、微信群互动等灵活的妇建活动增加与女性精英的社会联系，实现智慧众筹。基层组织网络建构的第一阶段需要以妇联的直接引领为基础，将分散的社会联系在妇联平台内部完成整合与组织。尽管第一阶段足以充分调动基层自主性的积极性，但精英女性仍然表现为治理活动的响应者，而非直接号召人。因此，第二阶段是逐步转变妇联在组织网络内的直接组织作用，由精英女性中的积极分子利用妇联的网络开展召集与组织工作。进入第二阶段的前提是有效建构组织网络中的价值共识，将原本由妇联植入的政治价值内化为先进精英的价值诉求，从而以优秀个人为基点进一步发挥党与妇联在妇女发展和社会治理中的引领作用。建构基层网络的自主性与价值认同，有助于凸显妇联的先进性，并最终表现为政治性的加强。

  基层空间最终需要有机整合入网络空间，以推进妇联组织的一体化，并重塑新时代中国女性的集体形象。由于社会环境的显著差异，不同基层妇联所具备的社会资源也差异较大，基层空间与网络空间的融合有助于各基层妇联组织之间的资源交换，缓解整体发展的不均衡性。同时,二者的有机融合还有助于打破科层制组织结构中存在的各类区隔,激活基层的活力,实现在网络条件下重新定义基层。由此,整体组织体系将围绕各项工作的完成度,来检验基层组织的运行状况。这实际上是一个组织体系扁平化的过程。从妇联来看,这有利于基层组织根据地区妇女的不同特点发展差异化的治理与组织工作,克服机关化、行政化的影响。

总之,妇联工作必须始终在开拓社会联系的广泛性与先进性方面,同时在组织体系的整合中贯彻政治性建设。不过,这些机制落实都以各级组织大量具体服务工作的开展为前提,只有首先做好服务工作,才能有效建立起进一步整合联系的基层空间,群众工作的开展才能有阵地作为保障。由此推进网络空间的组织体系不断成熟,而后进一步打破地域与部门间的区隔,从而有效围绕妇女工作建构起网状的扁平化组织体系,进一步激活妇女自发参与治理的能动性,增加她们对组织的认同度。在这样的大背景之下,各地的妇联需要根据自身区域内妇女发展的特点,差异化地设计适合发展状况的组织体系。

三 锻造西部崛起背景下女性发展的组织基础:组织力建设与四川妇联使命实现

四川省的妇女组织工作相对沿海发达地区面临更大的内部差异性。四川省内不仅有成都这样的大城市,也有大量的新兴城镇、农村以及民族贫困区域，因此妇女工作又与西部振兴尤其是新兴民营企业与扶贫工作的建设紧密相关。2018年，四川省妇女代表大会的报告中对妇联的使命做出如下表述："要深刻认识四川妇女事业发展的阶段特征。我省妇女事业发展的区域性、阶段性特征明显，妇女群众日益增长的美好生活需要和不平衡不充分发展之间的矛盾日益凸显，妇女工作方式方法、着力重点正在发生深刻变化。"① 要深刻认识四川妇联组织面临的矛盾挑战。市场化、网络化和全球化大背景下，社会结构和社会运行方式显著变化，妇女的价值追求、交往方式和生存形态呈现多元化特点，妇联组织在组织覆盖、功能发挥等方面存在诸多挑战。由此可见，四川省妇联要求新阶段妇女工作能够尽快适应社会与市场飞速发展的过程中所产生的服务对象多样化与组织体系快速变迁的社会现实。从理论上看，四川省妇联在锻造西部崛起背景下女性发展的组织基础工作中，主要有两大重要任务：在经济发展中提升女性地位，并组织精英女性发挥先进作用。

从西部崛起的文化背景来看，女性发展往往面临传统观念制约、社会资源薄弱等一系列历史问题。然而，在市场化、网络化和全球化高速发展的时代，妇女社会

---

① 郑备:《高举习近平新时代中国特色社会主义思想伟大旗帜 团结引领全省妇女为推动治蜀兴川再上新台阶而不懈奋斗——在四川省妇女第十三次代表大会上的报告》，2018年9月25日，内部资料。

地位的问题不仅关乎能否将妇女的力量整合进入经济建设,更关乎西部在世界的文化名片。世界史上妇女社会地位的提升往往需要在经济得到高度发展时才能实现,如果以四川省为代表的西部能够在发展经济的同时提振妇女社会地位,那么它将是我们软实力的重要体现。然而,四川省作为省级单位,其所面对的女性群体在经济实力与社会资源方面差异性较大。根据大数据研究报告,农村女性、城市女性、农村进入城市女性以及民族贫困地区女性在社会话题的关注度方面都呈现出巨大的差异,而这些群体内部又根据年龄与收入等有所分化。同时,不同女性在实现社会价值方面的抱负也有所差异。[①] 因此,提升女性社会地位的工作应从具体的社会群体关注的服务需求出发,着力提升女性的经济自主性,最终达到全方位提升女性社会地位的成果。

四川省妇联在女性发展的经济工作方面,尤其是在女性创业工作上,探索出了一系列有价值的经验。妇女主导的电商扶贫工作是妇联的一项重点工作,农村电商工作50%以上的职务由女性担任。在过去,孤立的电商个体户最难解决的便是销售渠道和竞争同质化的问题,但妇联起到了"联"的作用:对内将从事近似销售业务的电商商户联系起来,给他们提供交流平台并定期组织培训,提高其专业水平;对外将这些个体户打包链接到

---

① 《四川妇女精准化服务大数据基础研究报告》,2019年1月,内部资料。

一些更广的销售平台上,并为他们进行专业包装与宣传,保证其优质产品能够及时输送至市场。随着经济地位的不断提升,女性家庭地位也随之提升。以四川南充市西充县电商发展中的佼佼者贾翠蓉为例,在妇联帮助下,她通过电商创业发展起来,销售特产绿鸡蛋,她的丈夫姓袁,于是他们就将自己的产品注册为"翠袁牌","翠"字在先。因此,妇联通过为妇女创造就业创业机会,保障她们经济上的独立自主性,从而使女性获得平等的社会地位。经济工作的前提是妇联自身社会联系的高度发达,从而保证其有能力根据妇女的需求配置相应的资源。只有妇联已经通过组织建设打破了体制间和部门间的资源区隔,这些工作才有可能落实见效。

除了经济工作外,针对妇女的法律援助也是四川省妇联工作的重点。在四川省经济高速发展的过程中,一些传统观念仍然存在,因此妇女在工作空间与家庭空间两方面都需要法律保护。就工作空间而言,大量受教育程度较低的妇女往往选择家政服务、手工生产等行业,这些行业如果缺乏法律监管,很容易出现女性权益缺少保障的情况。为此,妇联需有针对性地推动加强相关行业的法律监督以及妇女法律咨询服务的工作。在家庭空间中,家庭暴力等问题仍然存在,尤其是农村和民族地区法律资源相对薄弱,女性维权仍然存在一定困难。为了应对这些问题,四川省妇联在全省推进"巾帼维权岗"的法律援助,不仅在城市与县城层面设立法律援助,且将资源下降到农村层面,通过法律工作人员直接介入农村生活,间接地推动农村妇女地位提升与观念的转变。法律工作同样依赖妇联通过组织关系嵌入基层社会联系的能力。农村与民族贫困地区的妇女维权之所以面临一定挑战,正在于缺乏深入基层的渠道。只有妇联在农村工作中建立基层空间的妇女组织网络,从而在当地形成自主维权的能力,法律资源才能有效输送到当地并发挥实效。

如果说经济工作与法律援助通过政府资源与市场资源提升了妇女个体的社会地位,那么组织精英女性发挥先进社会作用就是进一步加强了妇女之间的社会联系,从而提升了四川省妇女的整体形象。精英女性不仅工作能力强、社会资源丰富,且往往参政议政热情较高,也愿意为妇女发展事业贡献一份力量。精英女性的整合分为直接整合与间接整合两种。以绵阳市涪城区为例:该区在组织工作中,将各行业内的精英女性吸纳至区妇联中,将她们的社会资源直接转化进妇联的组织网络内,从而有效地整合政府和社会资源,搭建起了党委政府、妇联、企业、社会组织和志愿者的沟通平台;除直接搭建平台外,还通过兼职、购买社工服务、招募志愿者等多种方式激发基层妇女组织活力、调动社会力量做妇女工作,充分利用干部队伍对于熟悉基层状况的优势,将其余的精英力量以多元手段在治理中组织起来。由此,妇联最大限度地保证了区域内妇女资源的利用,也扩大了妇女的社会联系,为她们自我奋斗提升社会地位给予了重要的支持。由此可见,妇联工作中,为女性搭建她们可以凭靠的组织网络十分重要。只有在组织网络里丰富了她们的社会联系,女性的发展才不会后继乏力,面对困境时也将更有资源保障。

总之,四川省妇联通过促进妇女全面发展,显著提升了女性的社会地位,成为西部崛起中的一张重要软实力名片,也将成为未来重构中国现代妇女形象的重要基石。四川省之所以能够在地区间经济情况差异如此明显的情况下有效整合妇女资源并为妇女发展赋能,与妇联的组织体系有效建设是分不开的。正是这种从基层社会联系到体制内外资源都能有效覆盖的组织体系,一方面缓解了妇女工作区域发展的不均衡性,确保了许多禀赋缺乏地区拥有基础性的联系和服务能力,另一方面保证了禀赋优异的地区提高资源利用率,大大提升了先进地区的发展。妇联工作,"联"字永远是工作重点,妇联未来发展的前景,很大程度上取决于它如何在社会联系与组织体系间找准自身的定位,并有效服务广大妇女群众,四川省妇联的实践已经探索出了一系列的成功经验。

第三节 组织力建设与妇联组织功能实现

进入新时代,伴随着国家治理体系与治理能力现代化的进程,组织力建设是妇联得以充分发挥其功能的决定性要素。首先,组织力建设是妇联政治功能、治理功能与服务功能得以实现的前提和基础。其次,组织力建设是妇联实现桥梁纽带作用的必要环节。最后,组织力建设是妇联在新时代助力四川省高质量发展的重要保障。由此,只有进一步加强组织力建设,妇联组织才能够更加充分地发挥其应有的功能。

一 在政治、治理与服务之间:妇联组织的基本功能

妇联的基本功能有三类,即政治功能、治理功能和服务功能。妇联是党和政府联系妇女群众的桥梁和纽带,在这一过程中首先要体现妇联的政治功能;其次,妇联又是嵌入社会之中的,这就意味着妇联要具备面向社会的治理功能;最后,妇联又是服务妇女群众的群众团体,所以其必须以服务功能为妇联组织力建设的落脚点。如果说政治功能是主体功能的话,那么,以治理功能与服务功能为主的社会功能是妇联的基础功能。

第一,政治功能就是妇联要围绕着党的中心工作,站在巩固党执政的阶级基础和群众基础的政治高度,从维护党的领导和表达妇女的意见和意志的角度开展工作,要组织各方力量使党的政治路线能得以有效贯彻落实。《中共中央关于加强和改进党的群团工作的意见》中指出:"工会、共青团、妇联等群团组织联系的广大人民群众是全面建成小康社会、坚持和发展中国特色社会主义

的基本力量,是全面深化改革、全面推进依法治国、巩固党的执政地位、维护国家长治久安的基本依靠。"这一定性是新时代妇联的重要使命、任务所在,也是其政治功能发挥的重要依据。妇联是共产党在革命战争年代建立起来的妇女组织,熔铸着"党有号召、妇联有行动"的红色基因,始终以党的旗帜为旗帜、以党的方向为方向、以党的意志为意志,承担起引导妇女群众听党话、跟党走的政治任务,始终对党忠诚、听党指挥、为党尽责,切实把对妇女群众的思想政治引领贯穿于妇联工作全过程和各方面,保证党始终同广大妇女群众同呼吸、共命运、心连心。从这个意义上来说,政治性是群团组织的灵魂,是第一位的,决定着新时代妇联工作的方向。妇女政治功能的发挥要始终围绕着妇联本身的公共权力,围绕着妇联是妇女政治利益表达的渠道,而政治功能发挥得如何则主要看政治任务的落实情况。

第二,治理功能要求妇联围绕着所在地区与所在单位的中心工作和具体的秩序建构,从推动发展和建构秩序两个维度开展妇联工作,发挥妇联作用,调动各方面的资源、汇聚各方力量来推动妇联积极参与基层治理,实现妇女儿童群体的全面发展。妇联的组织功能是妇联实现社会功能的重要组成部分,也是妇联嵌入单位和企业的管理和推动业务发展必不可少的环节。一方面,妇联作为社会的一部分,本身就具有社会治理的功能;另一方面,妇联是嵌入社会中的,要想在社会的发展中得以同步发展,就需要妇联发挥联系和组织群众的功能,进而推动基层治理高质量的发展。妇联的治理功能体现在妇联工作的各方面,贯穿于妇联改革的全过程,是推动妇联组织成为推进国家治理体系和治理能力现代化的重要力量,是党和政府开展妇女工作最可靠、最有力的支柱。根据中央群团改革的精神,应当进一步把部分政府职能转移给妇联等群团组织,这不仅拓宽了群团组织的工作任务,而且使得妇联等群团组织可以借助政策支持和体制机制创新的机遇,主动发挥"联"的作用,完善治理功能。可以认为,妇联治理功能的发挥不仅是妇联本身的功能体现,也是妇联不断拓展其社会参与空间的体现,能够在政策、资源、人员和智慧汇聚中发挥引领作用。

第三,服务功能要求妇联要有效服务妇女,推动各方力量参与妇联建设,服务妇女的全面发展。《中共中央关于加强和改进党的群团工作的意见》中提出:"坚持服务群众的工作生命线。群团组织是党直接领导的群众自己的组织,为群众服务是群团组织的天职。各级党组织要推动群团组织贯彻党的群众路线,为群团组织服务群众创造条件。群团组织要增强群众观念,多为群众办好事、解难事,维护和发展群众利益,不断增强自身影响力和感召力。"因而,群团组织要强化服务意识,提升服务能力,挖掘服务资源,坚持从群众需要出发开展工作,更多把注意力放在困难群众身上,努力为群众排忧解难，成为群众信得过、靠得住、离不开的知心人、贴心人。党的十九大报告指出，要增强群众工作本领，创新群众工作体制机制和方式方法，推动妇联等群团组织增强政治性、先进性、群众性，发挥联系群众的桥梁纽带作用，组织、动员广大人民群众坚定不移跟党走。这说明，"妇联的工作已经不再像过去那样，主要解决维权的问题，而是要整合各方资源和智慧，共同参与到女性发展的事业中，也就是要着力发挥'联'的作用"[1]。因而，妇联服务功能的发挥要坚持围绕中心、服务大局，坚持服务群众的工作生命线，承担妇女利益代表者、维护者的角色，"为妇女群众提供更多更好的服务，让发展成果更多更公平惠及广大妇女，不断增进妇女的获得感、幸福感、安全感，在实现全体人民共建共享发展中，促进妇女权益更有保障、人生更加出彩、生活更加幸福"[2]。

由此可见，妇联政治功能、治理功能和服务功能的实现离不开组织力建设。组织力建设的重点在于将中央群团改革的精神落到实处，通过有效性的建构，进一步推动妇联在具体的实践工作中将政治、治理和服务三大

---

[1] 郑长忠主编：《锻造西部崛起背景下女性发展的组织基础——四川省妇联工作发展研究报告（2013—2017年）》，中国社会科学出版社2018年版，第1—13页。

[2] 黄晓薇：《高举习近平新时代中国特色社会主义思想伟大旗帜 团结动员各族各界妇女为决胜全面建成小康社会 实现中华民族伟大复兴的中国梦而不懈奋斗——在中国妇女第十二次全国代表大会上的报告》，2018年10月30日，内部资料。

功能转变为国家治理体系和治理能力现代化发展的推动力，以政治功能的实现作为治理和服务的保障、以治理功能的实现推动社会领域的全面发展、以服务功能的实现维护和提升妇女的权益。

二 在桥梁纽带、社会支柱与人民团体之间：组织力建设与妇联功能实现

作为党领导的人民团体的妇联组织，妇联是国家治理体系和治理能力现代化进程的重要推动力量，是党和政府联系妇女群众的桥梁纽带和国家政权的社会支柱，也是将妇女组织起来参与政治发展与社会治理的主体力量。从组织特征来看，妇联组织具备以下三种特性：首先，党的领导是妇联围绕妇女问题与国家和社会产生联系的政治前提和组织起点；其次，妇联组织是国家政权的社会支柱，既是参与国家建设的群众团体，也是党和国家联系妇女群众的桥梁和纽带；最后，保障妇女权益、推动妇女发展是妇联组织的实践落脚点。这三重政治性组织特性是由妇女作为中国政治体制与国家治理体系的重要组成部分所决定的。

妇联组织力建设中政治功能的实现需要妇联组织发挥党和政府与妇女群众的桥梁、纽带作用，在制度上、机制上和组织上来拓展联系机制和渠道，建构桥梁和纽带，落实妇联的政治功能。《中共中央关于加强和改进党的群团工作的意见》中明确指出，群团组织是党和政府

联系人民群众的桥梁和纽带。"一方面是党的政策能够有效落实到妇女群众之中,以及妇女群众意见能够获得有效表达,并成为公共政策制定的重要依据;另一方面是党和政府关心妇女,以及妇女群众对党和政府产生认同。也就是说,围绕着妇女问题,通过妇联组织,使国家治理体系中的党组织、国家和社会、市场之间产生政治联系。"① 桥梁和纽带作用的发挥要根据现有体制机制、组织结构的特征等进行有针对性的完善,在交往方式、生存状态、社会结构与运行模式等都发生变化了的今天,要继续成为妇女群众与党和国家相联系的枢纽和轴心组织,要拓宽联系通道,畅通联系渠道,建立健全聚合各类资源和力量的相应机制和网络,在制度性通道与组织性网络上下功夫,以提升其作为桥梁和纽带的联系性功能。在某种意义上可以认为,妇联组织的桥梁和纽带作用是党建带妇建的创新发展。因为,只有发挥好桥梁和纽带作用,妇联才具有实现政治性的基础,发挥基层阵地作用;只有党的组织力健全发展,妇联的桥梁和纽带作用才能畅通。作为党的群团组织,妇联组织属于中国共产党组织体系的外延部分,是围绕妇女发展而勾连党、国家和社会之间的关系的一个组织网络与制度通道。桥梁和纽带作用不仅体现为体制内的桥梁和纽带,也体现为体制外的桥梁和纽带,这需要妇联组织不仅要积极开

---

① 郑长忠:《构建面向未来的妇联组织——国家治理现代化与妇联组织发展研究》,《妇女研究论丛》2018 年第 1 期。

第二章 组织力建设与妇联组织发展

展与党委、政府、人大和政协各系统的对接和互动，整合体制内的各类资源，实现妇联功能的自我开发，也要在社会领域和妇女群众之中建构新的组织网络和触角，锻造多元的联系机制，经常深入妇女，倾听妇女呼声，反映妇女意愿，深入做好妇女的思想政治工作，切实做到哪里妇女群众集中，就把"妇女之家"建到哪里，把妇女工作做到哪里。

妇联组织力建设过程中，治理功能的实现需要夯实妇联作为国家政权的重要社会支柱的地位。一方面，妇联组织的社会支柱是基于国家政权而言的，也就是说，作为社会支柱的妇联组织是国家政权的重要依靠力量，是支撑政治权力和推动政治发展并植入社会之中的支柱性力量。需要说明的是，妇联组织是党领导下的群众组织，而非一般的嵌入社会之中的力量。作为党领导的群团组织，本身具有天然的制度、体制和组织优势，这是其他社会力量所无法比拟的，这也是为什么妇联组织能够与共青团、工会等群团组织一道成为国家政权的社会支柱的重要原因。正是因为这种与党和国家的天然联系，才使得妇联组织能够在社会治理中展现出优势，体现出力量。另一方面，要使得妇联完成其作为国家政权的社会支柱的职能角色，就必须要求妇联组织参与社会治理、推动社会发展、建构社会秩序，只有这样，才能有效地起到国家政权的社会支柱的作用。在这个意义上，这种嵌入社会之中的群众性力量帮助党和政府以及其他力量在社会层面上推动发展以及建构秩序的努力就是治理的功能。因而,妇联组织的治理功能应该是在扎根于妇女与社会之中获得的,要在切实推动妇女发展、团结妇女、服务于国家和社会发展中得以体现,这应该成为妇联组织的基础性工作。这种基础性工作的开展使得妇联的社会治理向各领域、各环节延伸,带动更多妇女参与共建、共治、共享,而这正是作为国家政权的社会中支柱的社会性角色的发挥和体现。也正是因为妇联组织扎根于社会之中的组织特性与服务国家和社会发展的特殊作用,妇联组织才能更好地发展,并进一步持续开展推动实施妇联"五大行动"等系列活动。

  妇联组织力建设中的服务功能的发挥要坚持妇联作为党领导的重要人民团体的角色定位。这一角色定位对于妇联发展而言是基础性的,要求妇联代表妇女参与国家建设,参与政治建设,这是党领导的人民团体的角色定位在政治上的体现。"群团组织特别是人民团体是广大群众依法、有序、广泛参与管理国家事务和社会事务、管理经济和文化事业的重要渠道。"[①] 妇女工作是党的群众工作的重要组成部分。妇联组织是党领导下的人民团体,作为人民团体的妇联组织在推荐女性领导干部、推动协商民主建构、推动参政议政等社会主义民主政治中

[①] 《中共中央关于加强和改进党的群团工作的意见》,新华网,2015 年 7 月 9 日,http://www.xinhuanet.com/politics/2015-07/09/c_1115875561_3.htm。

发挥着独特的作用。《国务院关于印发中国妇女发展纲要和中国儿童发展纲要的通知》中指出，"提高妇联组织参与决策和管理的影响力，充分发挥妇联组织代表妇女参与国家和社会事务的民主决策、民主管理和民主监督的作用。充分吸收妇联组织参与有关妇女法规政策和重大公共政策的制定，反映妇女群众的意见和诉求"。在此基础上，妇联作为妇女的代表性组织，就要发挥代表妇女的功能，维护妇女的权益，服务好妇女，推动政党、国家、社会等多重力量来服务妇女事业的发展，切实贯彻落实妇联作为妇女的团体的定位。要始终坚持人民团体的定位，明确人民团体的角色是为了实现妇联群众性诉求和做好妇女工作的组织性基础，始终明确群众性是群团组织的根本特点，只有坚持群众性的根本特点才能彰显新时代妇联工作的力量源泉。人民团体的定位就是要始终落实以人民为中心的工作导向，把妇女群众日益增长的美好生活需要挂在心上，把党的关怀和温暖送到广大妇女群众中，不断增强妇女的获得感、幸福感、安全感，为党凝聚妇女人心，真正使妇联成为全心全意为人民服务宗旨的忠实践行者、党的群众路线的坚定执行者、党的群众工作的行家里手。

三 撑起"半边天"以助力治蜀兴川再上新台阶：组织力建设与四川妇联作用发挥

妇联组织力的建设主要通过在价值、制度、组织和技术四个维度来推动妇联扮演好桥梁纽带、社会支柱、人民团体三个角色，发挥相应角色的功能。那么，如何从价值、制度、组织和技术四个维度具体地实现妇联的桥梁纽带、社会支柱和人民团体的功能？如何更好地结合治蜀兴川的实践实现四川省妇联的政治、治理和服务功能？这就需要从四川省妇联的具体实践中去探寻。在这个意义上来讲，需要进一步提升四川省妇联干部适应新要求、解决新问题的能力，这就需要四川省妇联在治蜀兴川再上新台阶的过程中进一步凝练价值维度，进一步完善制度体系，进一步拓展组织有效覆盖。

在价值维度上，助力治蜀兴川再上新台阶是四川省党代会提出的政治任务，也是四川省妇联报告中对妇联作用发挥的集中概括。在《四川省妇联"五大行动"发展规划（2013—2018年）》中，四川省妇联提出了以素质提升、巾帼建功、幸福家庭、巾帼维权、强基固本"五大行动"统筹四川省妇女工作的思路和举措。此后，在四川省妇女第十三次代表大会上，四川省妇联提出了巾帼心向党、巾帼建新功、巾帼维权服务"三大提升行动"，激扬巾帼之志，凝聚巾帼之力，唱响巾帼之歌，谱写"中国梦"四川篇章的强大正能量。四川妇联工作与四川社会发展的同步性与同构性、时代性与地域性要求妇联组织在价值维度上坚持政治性、先进性与群众性，在"践行伟大思想·建功治蜀兴川"中与新时代同心同向，与新时代同心同德，与新时代同心同行。在这一思想的指引下,四川省妇联抓住改革开放40周年、中华人民共和国成立70周年、全面建成小康社会、建党100周年等重要节点,广泛开展"巾帼心向党·建功十三五""百千万巾帼大宣讲"等活动,选树了一批"三八红旗手(集体)""治蜀兴川杰出女性"等具有时代性、先进性、代表性和影响力的先进妇女典型,凝聚起了全省妇女投身治蜀兴川的奋进力量。

在制度维度上,妇联组织既是党的外围组织的一部分,又是党联系国家和社会的联系网络的机制安排。[①] 妇联作用的发挥,需要体制的调整与重组,要从打破体制区隔、开发制度功能与创新发展机制等方面着手。在遵循自身发展逻辑与国家治理体系变迁的要求下,在治蜀兴川再上新台阶的重要阶段,《中共四川省委关于加强和改进党的群团工作的实施意见》《四川妇女发展纲要(2011—2020年)》《四川省妇女第十三次代表大会报告》等文件着力从多元化、多层次、全方位的角度完善制度体制,建立整合资源手段的共享平台、服务民生改善的惠民平台、保障群众权益的维权平台、提升群众素质的活动平台,主动作为,做治蜀兴川的奋进者、开拓者、奉献者。为此,四川省妇联要建构立体化的体制机制,把制度建设贯穿妇联党建工作始终,持续用力抓好制度执行,健全完善制度执行情况动态评估机制,用制

[①] 郑长忠:《构建面向未来的妇联组织——国家治理现代化与妇联组织发展研究》,《妇女研究论丛》2018年第1期。

度永葆妇联组织先进性。

在组织维度上,四川省妇联组织力建设要从组织维度着手,为四川省妇联发挥作用奠定组织化基础。妇联组织要根据治蜀兴川的目标、组织的特性和社会的变化等进行改革调整,建构生态化、平台性与枢纽型的组织形态。《中共中央关于加强和改进党的群团工作的意见》中提出,"制定服务型基层组织建设意见,打造符合群众需求的工作品牌,推动构建覆盖广泛、快捷有效的服务群众体系"。这一要求旨在完善党委领导的妇联等群团组织的制度,项目化管理、社会化运作、规范化建设,构建联系网、工作网、服务网整体合一的工作新格局,提高妇联工作科学化、精细化水平。因此,适合的组织网络建设是妇联开展工作的前提与基础。妇联的整体诉求是一致的,但彼此之间的差异又是明显的,组织维度应该是融多样性与差异化为一体的复合性组织。"大力构建枢纽型、开放式的妇联组织。加强社会协同,扩展服务功能,面向社会公众、社会组织充分实施开放合作战略,不断提升妇联组织的服务水平和能力。"[①] 在这个意义上来说,妇联组织建设既要重视妇联自身组织的建设,同时也要整合其他多元的社会力量;既可以由妇联主导来建构组织网络,也可以由妇联和其他社会组织合作来搭建合作平台。

在技术维度上,四川省妇联组织需要结合自身的组

---

① 四川省妇联:《四川省妇联"五大行动"发展规划(2013—2018年)》,2014年3月14日,内部资料。

织特性和组织目标，结合全省高新技术产业蓬勃发展的大趋势，通过全面应用互联网、大数据和人工智能等新兴技术，推动优化组织形态，提升组织力建设，进一步实现四川省妇联的各类功能，助力全省的整体性与高质量发展。此外，妇联组织应积极联系和服务科技领域的妇女群众。一方面，充分保障她们的需求，结合从事高科技行业妇女的职业特点与特定诉求，制定完善的服务体系、建立灵活的组织机制。另一方面，也要将高新技术行业的妇女群众组织起来，形成合力，进一步助推全省高科技产业的发展。

第四节　组织力建设与妇联组织形态创新

妇联的组织力建设不能脱离妇联的组织形态，妇联的组织力建设是靠妇联组织形态创新推动的。具体而言，妇联组织形态的创新需要坚定生态化、平台性与枢纽型三个发展方向，需要从价值、制度、组织与技术四个维度着手。实际上，四川妇联的改革也是从组织形态创新的三个方向和四个维度持续推进的，通过持续的强基固本行动以提升组织力。

一　在生态化、平台性与枢纽型之间：妇联组织形态的发展方向

在新时代的背景下，妇联组织形态的发展方向应该

是生态化、平台性与枢纽型。所谓生态化，就是根据妇女群众生存状态生活空间和工作领域的分布，以服务妇女儿童发展以及发挥妇女群众作用的为社会性目的，以为党和政府联系和凝聚最大多数的妇女群众而夯实群众基础为政治目的，最大化整合到能够服务妇女儿童发展的各方资源以及发挥妇联妇女群众专业性力量，从而使这些资源和力量能够呈现互补性、支持性等生态化的特点，并以此为内容和目标来构建妇联组织的形态。生态化构建是妇联重构组织形态所需要做的基础性工程。所谓平台性，就是妇联组织应该构建能够容纳上述生态化条件下所聚合到的各类资源和力量的相应机制和网络。所谓枢纽型，那就是通过组织形态重塑，使妇联组织能够在其中联系、统筹各方，并在此基础上，与各方力量特别是妇女群众形成紧密关系，成为推动资源共享等的枢纽和轴心。

妇联组织形态生态化建构必须从三个方面展开。第一，妇联组织要围绕群众性而展开。要实现妇联组织的群众性，必须从两个方面进行着手：一是具体内容方面；二是组织网络方面。从具体内容方面来看，对于妇联来说，群众发展过程中的需求有两方面：一是对他者服务的需求；二是发挥自我作用以服务社会方面。这就意味着，妇联组织必须筹措和联系满足这两方面需求的资源与力量。妇联组织要联系到这些资源与力量，就必须构建相应的组织和联系网络。第二，妇联组织形态生态化

第二章 组织力建设与妇联组织发展

建构要围绕着联系差异化、有机化的多样性的需求主体和服务主体以及创建复合组织网络展开。具体来说，由于妇女群众的需求是多样性的，既包括服务的需求是多样性的，也包括可以提供服务的类型是多样性的。而彼此之间，又存在着相应的差异化，在此基础之上要进一步形成组织力建设的有机化。而这些特点，都将落实到不同群体和不同个体之中。对于妇联组织来讲，为了达到联系群众和服务群众的目的，就需要将他们有机地联系起来，为此就要构建差异化和复合性的组织网络。所谓复合性组织网络，就是根据不同主体的行为方式和生存形态的差异性，而采取的相应的组织联系的方式，从而呈现出复合型的特点。第三，妇联组织生态化建构要在建构多样化立体化整合服务资源机制与形成立体服务机制上下功夫。要实现对多样化的群众进行有效联系，并将分散于他们之中的各方面资源和需求进行对接，形成复合性的组织网络，这就必须构建相应的机制，而这种机制最典型的就体现在它的整合性上。这种整合性要能体现对多样化和立体化的资源整合和需求整合，并在这一基础上形成立体服务的机制。实际上，生态化组织形态的构建，就是根据这一机制而形成的。

妇联组织形态平台性构建需要从三个方面展开。第一，妇联组织围绕着生态化组织特点，通过建构与发挥体制性组织权威，以形成先进性引领的基础。妇联组织是政党的妇女组织，它具有先天性的体制权威。这就使妇联组织除了能够构建生态化的组织形态以最大化联系群众之外，还能够将这些资源有效统合起来，以平台化的方式呈现出来。第二，妇联组织形态平台性构建要形成相应的机制，通过搭建平台性组织形态，以开发体制性资源并提升组织性权威。这就要求妇联组织必须打破体制内外的区隔，同时还要实现组织在体制内的资源整合。这样就能够使第一阶段群团改革所形成的体制性资源和组织性权威，在新的条件下成为平台性建构的基础，并得到更好的发展。第三，妇联组织形态平台性构建要围绕着智慧众筹、民意汇聚与资源整合的体系打造而展开。先进性在于其引领性，引领性又体现在两方面。一是理性层面和信息层面能有多方来源，并在此基础上进行加工和提炼，从而具有整体的把握和前沿的引领。由于妇联组织联系的面很广，能够整合到各方面的人才，从而可以凭借其组织优势将这些人才智慧汇聚起来，之后在更高的层面上进行汇聚凝练，形成可以引领妇女发展以及服务社会的智慧内容。二是资源的汇聚和资源的整合，并在此基础上服务和满足各方的需求，从而形成全面的组织优势。生态化和平台性的组织构建可以为妇联组织实现这一优势提供组织基础。那么这就要求妇联组织必须围绕着这些目的，在具体的组织形态、组织网络和组织内容上得以体现，并根据新的组织方式和组织手段将这些体现得以落实。

妇联组织枢纽型建构应该从三个方面展开。第一，妇联组织要实现妇联组织的政治性功能。所谓政治性是与公共权力和公共事务相联系的,对于群团组织来讲,即政治性最重要体现在构建党的领导和执政的群众基础,畅通群众情绪与意见表达,贯彻党和政府的政策。因此,为了实现这一价值性诉求,一方面,必须在制度性通道和组织性网络上下功夫,使通道和网络能够做到畅通和有效。另一方面,在联系群众方面,通过推动各方资源的汇聚、各方力量的发挥和各方面意见的合理表达,妇联组织的枢纽作用才得以真正落到实处。第二,妇联组织枢纽型建构要围绕着畅通、可控和有效而展开。妇联组织必须利用其在体制内外两方面的优势,在群团改革背景下,将这两方面优势进行整合,而后在制度层面上予以落实,使妇联组织能够在生态建构和平台搭建的基础上实现可控性。要实现领导力与控制力,就需要设计高效、畅通和灵敏的组织机制,既要能够保持快速的信息传递,以及权威资源的控制,还需要融合互联网、大数据等新技术手段。第三,妇联组织枢纽型建构要在组织网络和组织手段上将上述制度予以落实。这里涉及多层次的组织体系构建,既要让妇联组织既有的科层制组织网络充分发挥其功能和作用,又要把各类社会组织整合进来之后的组织体系与妇联组织既有的体系进行对接,并且打通体制内外的区隔,发挥妇联组织在体制内的资源和权威优势。要将枢纽型组织形态建构与生态化和平台性组织形态构建等内容相结合起来,枢纽型才可以得到体现，才有相应的基础。

二 在价值、制度、组织与技术之间：组织力建设与妇联组织形态创新

确定组织形态创新的方向之后，就必须以组织形态创新为抓手来推动组织力建设。组织形态不是狭义静态的组织实体，而是指以实现组织功能为目的，以组织结构为支撑，以组织中权力运行方式及机制为核心而展开的整个组织的政治生活的总和。组织形态是对多重维度有机统一的组织机体的一种综合性描述，包括价值、制度、组织和技术四个维度，而妇联组织形态的创新也需要围绕这四个维度予以展开。

首先，任何组织与个人的行动，都具有一定的价值取向。而所谓价值，就是人们所认为行为正当性的理由，从而成为规范人们行为内容与制度安排的精神性与认知性的根据。对于妇联组织来说，随着市场经济的建立和网络社会的生成，妇女群众的生存形态和交往方式都发生了变化，同时，国家治理体系和治理能力现代化的提出，也使妇联组织内部关系以及与国家治理体系其他要素之间的关系开始发生变化，这些变化都将体现为价值层面上的发展。对于妇联组织而言，这些价值性内容的发展，主要体现在两个方面。第一，社会主义核心价值观对妇联组织产生影响。为了适应社会发展，党中央提出了社会主义核心价值体系，推动国家治理体系与治理

能力现代化,推动妇联组织发展。在妇联组织与国家治理体系其他要素之间的关系建构上,在价值层面就必须遵循社会主义核心价值体系的要求。第二,妇联组织内部的组织文化发展。妇联组织内部的文化发展要以此次群团改革的精神来发展组织文化内容,要根据市场化、网络化和全球化对妇女发展与组织发展提出的新的要求,来推动适应新时代的组织文化内容的生成。妇联组织价值建设的核心是围绕妇联组织的政治性、先进性与群众性展开,并将这"三性"的内容与妇联组织运行机制、组织结构形态发展结合起来,使妇联组织的价值维度获得制度维度和组织维度的支持。

其次,对于组织来讲,制度就是维护权力关系与规定行动秩序,从而使结构关系得以有效落实的一种具体安排。在国家治理现代化背景下,妇联组织要实现上述调整结构关系以推动组织形态发展的目标,就需要通过推进相应制度的创新与发展予以落实。具体而言,包括打破体制区隔、开发制度功能与创新机制内容三个方面的内容。在此基础上,推动妇联组织的制度发展,以适应国家治理现代化的要求。第一,妇联组织要适应社会转型的现实环境,对新生成社会力量实现有效地联系和资源整合,通过制度创新打破体制区隔,实现组织形态重塑。第二,妇联组织要在继承和发扬历史制度的基础之上,积极迎接新时代给妇联组织带来的机遇和挑战,既要履行好党的外围组织功能,又需发挥好桥梁和纽带的功能。国家治理现代化的提出要求妇联组织必须围绕着功能的有效实现，推动相应的制度内容，根据新的发展要求予以开发。对于妇联组织发展来讲，这是一项基础性的制度发展工作，是推动组织功能有效落实的重要举措，也是妇联组织遵循自身发展逻辑予以创新的重要保证。

再次，组织功能能否得到有效发挥，取决于组织的内部和外部结构关系是否有效和顺畅。因此，国家治理现代化围绕与妇女工作的相关关系调整，就需要通过妇联组织内部结构关系和外部结构关系的调整来实现。这种组织结构关系的调整，既体现为关系空间层面的变动，也体现为现实空间层面的发展。妇联组织关系空间的调整要求理顺妇联组织与其之外的政治和社会力量的关系的调整，以及理顺妇联组织内部关系。前者需要考虑妇联与党组织之间的关系，妇联与政治体系的其他组成部分（包括政协、人大、政府、司法等）之间的关系，妇联与社会（包括各类社会组织、社会民众）之间的关系。后者需要考虑妇联机关与基层组织之间的关系，妇联组织与团体会员之间的关系，妇联组织与妇女群众之间的关系。妇联组织现实空间的发展包括物理空间和网络空间两个部分。应该看到，在现实中，妇联与政党、妇联与政治体系的其他组成部分之间的关系的调整，更多的是在物理空间中展开，这是因为这些结构要素，早就已经作为体制性安排落实下来了。尽管妇联组织与社会之间的关系调整以及与妇女群众之间的关系调整，最终要实现物理空间内的良性关系。但由于互联网出现，人们的交往方式和生存形态业已产生巨大变化。这就使得妇联组织与社会以及妇女群众之间的关系调整，在很大程度上需要依靠网络空间予以呈现。

最后，网络社会是信息技术革命所带来的变革，是生产力发展的结果。技术革命使人们的认知方式、行为方式与交往方式都发生了变化，随之而来的则是社会运作方式发生变化，这就要求妇联的组织方式与组织形态也要适应这一变化进行创新与调整。技术发展对组织方式与组织形态创新的要求并不局限于市场领域，也同时存在于政党、国家与社会层面。妇联组织要顺应推进国家治理现代化的要求，必须善于适应网络社会发展，推动组织创新。妇联组织既要看到网络信息技术发展对当前与局部的影响，又要把握其对未来与整体可能的冲击。妇联组织要通过各种方式让各级干部、各方面参与主体都能够充分了解这些影响。需要强调的是，国家治理是以有效处理公共事务为中心而展开的。因此，适应网络社会发展推进国家治理现代化，必须以实践有效性为取向。在密切关注网络信息技术发展与影响的基础上，积极做好相应的政策设计、组织变革规划与工作布局，将短期应对与长期规划统一起来。

三 强基固本以实现妇联改革持续推进：组织力建设与四川妇联组织形态创新

新时代群团改革的重要任务是实现组织形态的创新。四川妇联实施强基固本行动，围绕改革发展稳定大局，积极探索、勇于创新，团结带领全省妇女克难奋进、拼搏实干，推动组织形态创新，推进妇联改革持续深入，谱写了四川妇女事业新篇章。四川妇联的组织形态创新是以价值、制度、组织与技术四个维度为抓手的。

第一，四川妇联坚持政治价值与专业价值的双引领。既要明确妇联组织服从国家和四川整体性需要的政治取向，又要确保妇联组织服务妇女的本职专业取向。首先，服从国家政治大局，坚持正确方向，高举旗帜、凝聚人心，坚定走中国特色社会主义妇女发展道路。道路问题是最根本的价值取向问题。四川妇联毫不动摇坚持党的领导，牢固树立"四个意识"，坚定"四个自信"，把"两个维护"作为根本政治任务，始终在思想上、政治上、行动上与党中央、省委保持高度一致，引领广大妇女更加紧密地团结在以习近平同志为核心的党中央周围，坚定不移走中国特色社会主义妇女发展道路。其次，服从四川政治大局，坚持发展要务，团结动员全省妇女积极投身治蜀兴川宏伟实践。发展是解决所有问题的关键。四川妇联始终坚持全局站位、发展眼光，全面对标四川省委第十一届三次全会决策部署，自觉把妇女工作摆进去，发挥好"联"的优势，为全省妇女建功新时代搭建广阔舞台、提供更多机会，更加广泛地把全省妇女组织起来、动员起来、团结起来，投身高质量发展，建功治蜀兴川，赋予"妇女能顶半边天"新的时代内涵。最后，服务妇女，牢牢把握代表和维护妇女权益、促进男女平等的基本职能，进一步厘清"我是谁、为了谁、依靠谁"的核心问题，坚持眼睛向下、面向基层，把党的群众路线贯穿始终，把脉妇女群众日益增长的美好生活需要，推动解决服务妇女"最后一公里"问题，紧紧依靠广大妇女开创妇女事业新局面。

第二，四川妇联推动制度创新与制度发展，通过具体安排的调整适应国家治理现代化的要求，同时推动盘活存量和生成增量的工作。制度创新与制度发展包括以下两个方面：一是盘活存量，彰显优秀女性头雁效应，充分发挥女领导干部、党代会女代表、人大女代表、政协女委员等作用，加强妇联系统人民陪审员、人民调解员、人民监督员、信访代理协理员培育推荐工作，让更多优秀女性依法参与经济社会事务管理。强化基层自治载体建设，依托城乡社区妇女之家，逐步推行妇女议事会制度，推动将妇女议题纳入基层党政议事清单，引导基层妇女有序参与民主自治实践，实现自我管理、自我教育、自我服务。推进巾帼志愿服务常态开展，培育壮大"妇字号"志愿服务品牌，用好、用活各类巾帼志愿服务队伍，推动志愿服务向社会治理各领域、各环节延伸，带动更多妇女参与共建、共治、共享。二是生成增量,夯实基层基础。加强基层妇联规范化建设,全面落实代表常任制度、常委执委会工作制度、执委界别工作制度、执委工作制度和执委联系妇女制度等,进一步完善基层妇联亮牌子标识、亮组织架构、亮工作职责、亮执委身份、亮活动内容等亮牌服务,促进日常工作高效开展。加强基层妇联阵地建设,将基层妇联服务功能整合集成到城乡妇女之家、儿童之家,就近为基层妇女儿童和家庭提供多样化服务;充分发挥四川省妇女儿童中心的龙头作用,构建辐射全省、服务基层的妇女儿童社会服务支撑体系。加强妇联组织保障机制建设,推动市(州)、县(市、区)全面落实"一元钱"妇联工作经费,乡镇(街道)妇联工作经费纳入乡镇财政预算,足额保障村(社区)妇联组织活动经费,为基层妇联开展工作提供基础保障。

第三,四川妇联加强组织结构关系的建设,依据新时代的需要调整组织结构,理顺组织内外部的各种关系。一方面,扩大组织覆盖,全面提升凝聚力。坚持传统领域、新兴领域"双向发力",在巩固提升村(社区)"会改联"、乡镇妇联组织区域化建设成果的基础上,进一步延伸妇联工作手臂,在楼宇商圈、社区市场、社会组织、园区工地等创新组织设置形式和组织形态,变"服务对象"为"工作力量",最大限度将四川省各行各业女性凝聚在妇联组织周围,形成"上面千条线、下面一张网、身边一个家"的妇联组织新格局。另一方面,强化队伍素质，全力提高战斗力。坚持优化结构，吸纳各族各界、各行各业更多优秀妇女进入各级妇女代表大会和执委会、常委会，探索建立"专挂兼"相结合、优势互补的妇联队伍，不断增强妇联组织联系的广泛性、群众性、代表性。坚持能力提升，根据履职新要求分层分类开展妇联业务培训，确保各级妇联主席和基层执委任期内接受不少于1次培训，努力建设适应新时代、新要求的妇联工作队伍。坚持实践创新，健全落实各级妇联干部直接联系妇女群众制度，及时掌握妇女新需求，总结基层鲜活经验，把基层妇联的有益探索实践总结上升为妇联组织的制度成果、工作成果，不断提升妇联组织战斗力。

第四，四川妇联积极适应网络社会的到来，通过利用新的技术手段加强妇联联系群众和服务群众的能力，推动妇联组织形态的更新升级。其主要体现在以下三个方面：首先，四川妇联利用互联网技术加强和拓宽联系群众的渠道，稳步推进网上妇联。四川妇联建成以"1网+2微+3平台"为核心的立体网络体系，直接联系妇女800万人。其次，四川妇联利用互联网技术提供服务群众的新内容和新形式，推进维权服务网络化，发挥"网上妇女儿童维权地图+网上服务大厅+维权热线"线上平台作用，依托省、市、县、乡、村五级维权服务站点，推动线上咨询与线下服务相结合，更好地保障妇女儿童权益。最后，四川互联利用互联网技术推进线上、线下"双网融合"，加强网上妇联建设，结合妇女需求开发网上服务产品,有效开展"妇联+互联网"各类服务活动,让妇女能在网上找到自己的组织、参加组织的活动,不断扩大妇联"朋友圈"。

第三章 组织力建设的基本思路与实现路径
——新时代四川省妇联发展的战略

"组织力是组织生命力的具体体现。"① 组织力建设从广义上讲是妇联整体组织形态的创新和跃升,从狭义上讲特指妇联基层组织能力的提升与发展,而这两方面又是密切联系、相互影响的。妇联整体组织的发展需要以基层组织力的提升为基础,妇联基层组织力的提升要以妇联组织整体为依托,在这样的过程中妇联组织的特性和功能得以实现,妇联组织也因此而生生不息、繁荣发展。四川省妇联充分认识到妇联组织发展与组织力建设的密切关系,在基层组织力建设中以妇联组织特性和组织功能的实现为目标,在实践中不断探索基层组织力强化的方式方法,逐渐明晰了加强基层组织政治影响力、社会号召力、权益维护力、组织覆盖力、群众凝聚力、

---

① 李小新:《全面提升基层党组织组织力》,《光明日报》2017年11月27日。

自我革新力建设的思路与路径，坚持以政治影响力为统领的定位，确保落实党的领导以体现妇联的政治性；坚持以提升社会号召力为抓手，强化团结带领群众作用以体现妇联的先进性；坚持以提升权益维护力为目标，实现妇联服务妇女功能以体现妇联的群众性；坚持以提升组织覆盖力为前提，创新组织建设以奠定妇联组织和工作全覆盖的组织基础；坚持以提升群众凝聚力为基础，激活全域基层以增强妇联组织联系与整合群众的现实能力；坚持以提升自我革新力为保证，推进妇联改革以创造妇联组织持续与有效发展的前提条件，从而完整地建构起了基于妇联基层组织力整体发展之上妇联组织整体发展的大战略，四川省妇联也就沿着这样的思路与路径继续探索，始终保持妇联组织的生机和活力。

第一节　以提升政治影响力为统领，确保落实党的领导以体现妇联的政治性

妇联是一个兼具政治性和社会性的组织。政治性是群团组织的灵魂，是第一位的，因此，作为党的群团组织，妇联的政治性也是组织的第一属性。政治性要求妇联始终坚持党的领导，积极贯彻党关于妇女工作的相关要求，为党巩固好执政的妇女群众基础，强化妇女群众对党的政治认同。这也就充分考验着妇联在基层的组织

力。组织力的塑造要求妇联提升在妇女群众中的政治影响力。妇联政治性在基层的体现也以在妇女群众中的政治影响力为基础。

一 组织力建设、政治性强化与妇联政治影响力提升

妇联作为党的重要群团组织,对其考察实际上要放在三个维度之中:一是从妇联自身来看,妇联是一个完整的组织体系,妇联的建设与发展应放在其组织体系内部来考查;二是从政党的视角来看,妇联是党领导下的群团组织,也就具有鲜明的政党外围组织特性;三是从国家治理体系的维度来看,妇联是国家治理体系的主体之一,扮演着重要的角色。而无论从哪种维度来考查,都需要首先通过自身组织的建设来发挥作为党的群团组织的作用,并在党的领导下参与国家治理体系和治理能力现代化的建设。

因此,妇联组织的建设要把政治性强化放在第一位,要在党的领导下服务于党和国家的中心工作。妇联组织全面深化改革是基于国家治理体系与治理能力现代化对妇联发展提出的新要求。同样,新时代妇联发展提出组织力建设的命题也是基于妇联在政党、国家、社会、市场中的定位而形成。因此,妇联组织的建设需要统筹各方面因素进行考量,并从整体发展的角度推进,这样才能为各级妇联组织建设提供明确依据,妇联基层的组织

力建设也更有目的性。

强化妇联的政治性要求在基层妇女群众中提升政治影响力。基层妇联组织是整个组织体系的神经末梢，承载着将妇联功能落到实处的重要任务。通过基层组织，妇联才能真正紧密团结联系妇女群众，发挥桥梁和纽带功能。因此，妇联的政治性强化落到基层的层面，主要任务就是要在组织力建设过程中增强妇联的政治影响力。具体而言，妇联组织的政治影响力提升可以从四个层面展开。

第一，通过组织特性层面强化妇联的政治性为政治影响力提升提供前提基础。"任何组织都是在特定的历史条件下生成与发展的，是根据不同历史时期要解决的任务而调整变化的，同时这些组织也都有自身规定性和自身发展逻辑。正是在上述两个逻辑的共同作用下形成了这些组织的组织特性和演化规律。妇联组织的建立和发展也遵循这一原理。"[1] 从妇联发展所经历的历史时期看，妇女组织的建立是基于国家政权建立的需要。妇联组织从建立之初就带有明显的政治性，妇联的组织形态也随着国家与社会发展的共同作用而变化。从妇联自身逻辑上看，《中华全国妇女联合会章程》对妇联组织的性质做了七个方面的具体规定，从中可以看出妇联组织带有鲜明的政治性。因此，提升妇联组织在政治上的影响力首先就要强化妇联组织自

---

[1] 郑长忠主编：《锻造西部崛起背景下女性发展的组织基础——四川省妇联工作发展研究报告（2013—2017年）》，中国社会科学出版社2018年版，第1—13页。

身的政治性，这是由妇联组织的组织特性所决定的，是决定妇联组织政治影响力强弱的前提基础。

第二，从组织体系层面优化妇联组织结构为政治影响力提升提供组织基础。妇联组织在组织运行机制上是按照科层制的方式运行的。马克斯·韦伯认为科层制是一种高效有序的组织运行方式。妇联的科层制化运行机制也是妇联发挥各项职能的制度化基础。然而，现实工作中时常会出现过分强调形式上的制度而可能出现机关化、行政化的倾向，使原本有利于组织规范的科层制没有充分发挥出应有的作用。因此，妇联组织从纵向运行机制上来看要优化组织结构，一方面，妇联政治影响力的提升要凸显组织规范化、秩序化的制度基础，这可以保证党的政治路线得以有效贯彻执行。由此可见，妇联组织政治影响力的提升要规范组织的运行机制。另一方面，妇联政治影响力的提升要推动制度创新，打通各级妇联组织之间的区隔，畅通信息的传送通道，实现组织体系的良性信息沟通反馈。

第三，在组织工作层面做好妇女群众工作为政治影响力提升提供群众基础。妇联组织要想最大效用地发挥好组织的各项职能，就要做实妇女工作。这既包括倾听妇女的利益诉求，切实保障好妇女群众的生产和生活，也包括做好妇女群众的解说员，用浅显易懂的语言让妇女理解国家的大政方针，同时还包括要在实际工作中化解妇女群众之间、妇女群众与其他群体之间的矛盾。当妇女群众切实感受到妇联组织对其精神方面的引领，以及在生活方面的保障后，才会更加愿意团结在组织的周围，整体上也就可以成为国家发展建设中的重要组成力量。而妇女群众中的优秀个体和妇联干部，则可以进入党和政府的有关部门机构中发挥更大的作用。如此，妇联组织便加强了自身的组织话语权建设，更有利于组织的政治影响力提升。

第四，在组织关系层面处理好各方面关系为政治影响力提升提供外部基础。妇联是处在政党、国家、社会、市场的关系空间之中的组织。因此，对妇联组织的理解不仅要通过组织体系内部来实现，更要在它与其他国家治理主体的互动和联系中来把握。这样妇联组织的影响力是在政党、国家、社会、市场的共同作用下得以发挥，妇联组织影响力的提升也会反过来对政党、国家、社会、市场产生影响。在政党、国家、社会、市场的关系中，党始终处在领导核心的地位，党的领导力的巩固需要以政治合法性为基础，以政治有效性为前提，而政治有效性就包括提升党在社会中的影响力。作为党联系妇女群众的组织，妇联也就肩负着提升政治影响力以巩固党的政治合法性的任务。

二 开展"巾帼心向党"提升行动以巩固党的执政基础

妇联组织力建设既包括妇联整体的组织力建设，也

第三章 组织力建设的基本思路与实现路径

包括基层妇联的组织力建设。这就要求妇联要在整个体系内部有统一的规范标准,从顶层设计的角度来统筹妇联组织力建设,重心放在基层。妇联的组织力建设要以基层妇联为载体,基层是妇联连接妇女群众的"最后一公里",做实、做好基层组织力建设的工作有利于妇联整体组织力的提升。而妇联整体的组织力的跃升也将会为各级妇联赋能,尤其对基层妇联来说,会因此而大大受益。因此,上述两者相互促进缺一不可。四川省妇联及各级妇联在全国妇联的统一部署和指导下进行了积极探索和实践。

2017年,全国妇联党组在深入学习、集中研讨、集思广益的基础上,决定围绕党的十九大提出的目标、任务,找准妇联工作切入点和着力点,以"巾帼心向党·建功新时代"为主题,创新工作载体,丰富活动内涵,引导广大妇女增强主人翁责任感,积极投身"五位一体"总体布局和"四个全面"战略布局,最大限度激发创造力和发展活力,在新时代中国特色社会主义伟大实践中充分发挥"半边天"作用。

2018年,四川省妇女第十三次代表大会报告中提到,要开创新时代四川妇联工作新局面,未来五年妇女发展的主要目标之一就是扎实开展"巾帼心向党"提升行动,就要宣传好党的主张、传递好党的声音,把全省妇女更加广泛、更加紧密地团结在党的周围,明确要求要用科学理论凝聚人心,强化政治引领;用伟大梦想鼓舞人心,强化思想认同;用时代榜样激励人心,强化行动示范。① 这些都是四川省妇联从整体的角度对组织力建设提出的规范要求,通过"巾帼心向党"行动来服务大局、服务基层,以此带领全蜀地妇女围绕在党的领导周围,为新时代中国特色社会主义事业做出更多贡献。

在省妇联的指导要求下,全省各市州妇联组织结合自身实际情况贯彻"巾帼心向党"的行动,各市州妇联积极从政治属性、自身体系建设、群众主体建设、社会舆论建设四个维度上推进各地区的活动建设。各市、州妇联贯彻"巾帼心向党"的行动,既为自身服务妇女提供了平台,满足了妇女的利益诉求,也反过来巩固了党的执政基础。"巾帼心向党"行动的开展是以2014年四川省妇联提出的以实施素质提升行动、巾帼建功行动、幸福家庭行动、巾帼维权行动以及强基固本行动五大行动为基础的。

通过加强妇联服务的双覆盖,让更多的妇女群众感受到组织的关心。例如,泸州市龙马潭区在推动区域化建设中,党政重视是妇联改革的重要推动力,严格执行省市委《关于加强和改进群团工作的实施意见》,并在紧跟市妇联的组织要求基础上结合龙马潭区的实际情况,出台了《泸州市龙马潭区关于加强和改进群团工作的实

---

① 郑备:《高举习近平新时代中国特色社会主义思想伟大旗帜 团结引领全省妇女为推动治蜀兴川再上新台阶而不懈奋斗——在四川省妇女第十三次代表大会上的报告》,2018年9月25日,内部资料。

施意见》作为全区工作的指导性文件,这也体现了作为一个政治性组织,妇联的政治性始终处于第一位的位置。通过构建"大、中、小、微"的区域化共建,打通体系内各级妇联的沟通壁垒,在畅通的体系内部,妇联的职能效用能得到最大化的发挥。妇联服务的双覆盖使得妇女群众的利益诉求得到更好的满足,妇女群众更能切身感受到组织的关怀,从而团结在党的周围。

通过加强妇联服务项目的宣传让更多的妇女群众了解到组织的用心。例如,成都市妇联开展的蓉城巾帼学院课程,在宣传上加大了力度,建设服务品牌,也打出了妇联在系统内以及在社会上的好名声。组织的知名度和好评度更高,组织内部的成员也就有了更多的荣誉感,荣誉感的提升又会反过来强化群体对组织的情感认同。但成都市妇联并未止步于此,而是大力做好社会舆论的宣传,一方面让这种于妇女有益的项目在妇联体系内部和社会层面广泛宣传,增加各级妇联组织和广大妇女群众的关注度。另一方面,通过大力的媒体宣传,妇女群众有了更多参与妇联活动、体现自身价值的成就感。这也是妇联通过在外部打造政治影响力,提升共同体标识度以及共同体内部成员的荣誉感的成功体现。

通过加强妇联对妇女及家庭的关爱,让更多的妇女群众感受到组织的贴心。例如,攀枝花市仁和区妇联以妇女群众的切实利益为关切,以关爱农村妇女身心健康为契机,通过为妇女做"两癌"检查,在妇女群众中塑造了政治影响力。开展的"两癌"筛查工作,让妇女在关注自身健康的同时也关注到,是党和妇联的关怀使她们受益,而这时内生地对党和国家的认同也是妇女最真实、最可靠的情感。再比如,甘孜州妇联推出"甘孜母亲大讲堂"妇女工作品牌,通过"家庭寻找""家事讲堂""家风传扬"三篇"家"字文章提升家庭素养、丰富家庭文化。① 通过妇联的努力,甘孜州妇女的家庭关系理顺了,妇女在家庭中的地位也提升了,妇女感受到了家庭所带来的温暖,感受到了邻里之间和睦相处带来的愉悦,也感受到了全州的积极创建氛围,而这些都是以妇联组织为主导开展的活动,使妇女更加依赖妇联、信任妇联,跟着妇联走,从而也就巩固了党执政的妇女基础。

三 在"自上而下"与"自下而上"之间:提升政治影响力的机制建构

妇联组织力建设要以提升政治影响力为统领,而政治影响力的提升又通过强化政治性为前提,并在妇联体系内、妇女群众中、社会空间中等多个方面来实现。妇联提升政治影响力的机制总体上可以划分为"自上而下""自下而上""由内而外"三方面机制。

"自上而下"是指党的路线、方针、政策能在基层得

---

① 石顺辉:《甘孜州妇联做好三篇"家"字文章 践行社会主义核心价值观》,内部资料。

到有效贯彻。妇联是党和政府联系妇女群众的桥梁和纽带，这就要求妇联要能够将党的指示完整地下达到基层。这就需要建立能让党的路线、方针、政策得以有效传达的渠道。这就要求党首先要做好从严治党的工作，以党建带群建、党建带妇建的思想引领妇联的工作。以此来看，这样的机制就需要自上而下的权力运行的制约和监督，就是要加强基层妇联规范化建设，全面落实代表常任制度、常委执委会工作制度、执委界别工作制度、执委工作制度和执委联系妇女等各项制度化规范。从"妇代会"的组织形态到"妇联"的组织形态的改革，就是组织在制度层面上的一次成功扩容。这实际上是将传统的单一式的闭路通道激活，形成上下循环的空间，在这样的空间内党的政治、思想、组织领导才更能得到有效保障。鉴于党在治理形态体系中发挥了中轴性的作用，通过"自上而下"的机制建构，妇联能有效保障政治性不断增强，并将此转化为自身的政治影响力。

"自下而上"是指发挥妇联人民团体的职能，建立快速整合基层妇女利益诉求的机制平台，并在互联网条件下利用大数据技术手段来实现妇女的利益表达和组织的影响力提升。基层妇女有着庞大的人口基数，要将这部分群体的利益有效向上传输，就要建立"自下而上"的利益表达通道。让优秀妇女在妇代会、人大、政协等平台上代表众多基层妇女群众来传递诉求就是一种行之有效的机制。

在四川省妇联第十三次代表大会上，郑备同志提出要"彰显优秀女性头雁效应，充分发挥女领导干部、党代会女代表、人大女代表、政协女委员等作用，加强妇联系统人民陪审员、人民调解员、人民监督员、信访代理协理员培育推荐工作，让更多优秀女性依法参与经济社会事务管理。强化基层自治载体建设，依托城乡社区妇女之家，逐步推行妇女议事会制度，推动将妇女议题纳入基层党政议事清单，引导基层妇女有序参与民主自治实践，实现自我管理、自我教育、自我服务"。① 这更加说明在妇女群众中推动优秀女性参与国家建设，更有利于反映妇女诉求，也更有利于女性地位的提高。

从党的十九大、第十三届全国人大以及第十三届全国政协的代表、委员的人数中可以看到，女代表、女委员的人数呈上升趋势，并出现一名女性同时拥有多项代表、委员身份的情况，其中十三届全国人民代表大会中四川省女性代表人数已达到36人。德阳市中江县的一名普通妇女刘春香，是四川省第十三届人大代表，同时也是一所留守儿童艺术团的团长。她对构建农村留守妇女儿童老人关爱服务体系非常关切。通过刘春香代表的呼吁，中江县乃至德阳市、成都市都有更多人士、组织关注留守妇女儿童老人问题，政府、妇联、社会组织也出

---

① 郑备：《高举习近平新时代中国特色社会主义思想伟大旗帜 团结引领全省妇女为推动治蜀兴川再上新台阶而不懈奋斗——在四川省妇女第十三次代表大会上的报告》，2018年9月25日，内部资料。

台了更多有利于留守妇女儿童老人问题解决的方案措施。这样,妇联获得了群众的认可,从而使得自身所具有的群众影响力转化为政治影响力。

当利益表达的平台机制建立后,利益表达方式的多样化、网络化也是不容忽视的问题。其中,如若借助互联网大数据的手段则会起到事半功倍的效果。"女性之声"的开通、"网上妇女之家"的打造就是妇联工作的创新做法。落到基层时,这些经验举措可以根据实际情况不同程度上参考使用,保留利用互联网实现女性反映利益诉求通道的做法,在具体操作上结合各地实际有的放矢。例如,德阳市旌阳区在全区范围,内借助新媒体平台,建立"1端+2微+3号+4网+N群"的区、乡镇(街道)、村(社区)三级联动立体网络平台,以横向功能网、纵向工作网、线下服务网、全面联系网的体系把全区妇女紧紧"网"住,同时妇女的各自需求也可以在网上进行表达。表达通道畅通了,妇女的表达欲望也增加了,表达欲望的增加从本质来看增加的是妇女对党和妇联组织的信任度,从而党和妇联组织的政治影响力也得到了强化。

"由内而外"是指在"自上而下"和"自下而上"的组织体系内的通道畅通后,还要借助新闻媒体的方式让组织内部与外部联通,形成内外互动的局面。通过新闻媒体的手段加强妇联与社会的联系可以从两个角度入手:一是在工作筹备时,借助新闻媒体进行宣传,以求尽可能地覆盖到需要服务的潜在人群；二是在工作进行时，嵌入媒体宣传的路径，并将工作成果向社会宣传告知。

工作在开展前首先要确定下所服务的人群范围，用新闻媒体的方式是让这部分人群尽可能地了解组织的服务内容，也通过新闻媒体的方式产生广而告之的效应，以期得到群体的支持。例如，攀枝花市仁和区"两癌"的筛选，便是通过张贴标幅、媒体宣传等方式让妇女知道妇联的这项惠民措施，也让在群体中有威望的妇女在新闻媒体上带头宣传，既让更多的妇女了解了这项措施，也让更多的妇女接受了这项措施，再通过组织的宣传深入了解到这是一项切实关心妇女生命健康的有益措施。在这当中，新闻媒体的报道手段实际上也促进了妇女对党组织的内生认同感。

在日常工作中运用新媒体手段的基础上，还要加大品牌项目建设的力度，用媒体的手段加以宣传。四川省妇联第十三次代表大会报告中曾提到，要打造"妇联+讲师团+全媒体矩阵+社会"新媒体普法模式，探索建立线上线下维权服务阵地。[①] 对妇女普法维权而言，实际上这种新媒体模式可放在品牌化项目上，用媒体的方式进行宣传，做实、做大品牌化的亮点项目，这既是对妇

[①] 郑备：《高举习近平新时代中国特色社会主义思想伟大旗帜 团结引领全省妇女为推动治蜀兴川再上新台阶而不懈奋斗——在四川省妇女第十三次代表大会上的报告》，2018年9月25日，内部资料。

女荣誉感的激励,也是打造妇联名片的有效手段。由此,"由内而外"虽然强调的是妇联体系与社会外界的互动,实际上是妇联借助外界的力量为体系内部服务的过程。通过内外互动,妇联便可建立起提升自身政治影响力的机制。

第二节 以提升社会号召力为抓手,强化团结带领群众作用以体现妇联的先进性

党中央在新时代对妇联组织鲜明地提出了要继续保持和增强政治性、先进性、群众性,发挥党开展妇女工作最可靠、最有力的助手作用等要求。妇联组织是党和政府联系广大妇女群众的桥梁和纽带,是党开展妇女群众工作的重要帮手,先进性昭示妇联组织的价值追求,是妇联工作同时代共奋进的关键所在。先进性应该贯穿于妇联组织的性质、职能、任务和全部工作中,成为妇联工作的力量之源,这也是妇联组织发展壮大的必然要求。因此,先进性也就决定了妇联组织一定是在中国特色社会主义进程中围绕中心、服务大局,号召妇女建功立业。因此,为了更好地服务党和国家的中心工作,妇联必须强化团结带领群众的作用,不断提升社会号召力。四川省妇联以开展"巾帼建新功"活动为载体,强化妇联团结带领妇女群众的作用,同时也分别从组织与个人

维度,通过政治机制、价值机制、情感机制、信息机制提升妇联组织的先进性,充分发挥妇联组织的号召作用、凝聚作用,以团结引领全省广大妇女听党话、跟党走,在决胜全面建成小康社会、建设经济强省,推动治蜀兴川再上新台阶的新征程中做出新的更大贡献。

一 组织力建设、先进性强化与妇联社会号召力提升

妇联是党的群团组织,党的先进性要求妇联组织也要具备先进性才能完成党交付的任务,始终保持和增强先进性也就成为妇联组织履行职责、使命的内在要求,也是妇联组织进行基层组织力建设的重要遵循。妇联靠什么把占人口一半的妇女紧密团结起来?靠什么吸引广大妇女始终步调一致地紧跟党奋勇前进?靠什么把各行各业妇女的积极性、主动性、创造性充分调动起来?就是靠党的指导思想在妇女工作实践中彰显出来的真理力量,靠在民族解放中实现妇女解放、在国家发展中促进妇女发展的不懈追求,靠妇联组织作为一个整体所具有的先进性和凝聚力、战斗力。

因此,打铁必须自身硬,如何让妇联组织更有活力、更坚强有力,妇联要有号召力必须加强妇联组织力建设,加强妇联自身建设以提升影响力,其先进性要能够得到体现必须通过号召力,号召妇女群众围绕经济建设、创业成才等做出贡献。妇联组织力建设必须把保持和增强

第三章 组织力建设的基本思路与实现路径

先进性作为重要遵循，先进性要能够得到彰显必须通过组织自身的社会号召力来达成。这也就要求妇联组织通过组织先进性来增强在基层的社会号召力，更有效地团结、联系、引领广大妇女群众。社会号召力是指一个国家、政党或社会团体通过改变社会成员的态度、意志和价值观，从而形成某种共同思想，鼓励、引导、激发社会成员参与社会实践、实现其社会目标的能力。具体到妇联组织的社会号召力，就是指妇联对妇女和妇女工作的影响、引导、凝聚、动员能力，主要体现为以下两个层面：一是妇联组织对广大妇女群众的号召力；二是号召各类社会力量来支持妇女更好地服务中心工作。

因此，妇联组织提升社会号召力不是一个空的口号，而是要有实实在在的行动。妇联组织能够有效地号召引领妇女群众，包括社会各界组织的力量，来为妇女服务，号召引领妇女群众围绕中心工作做出贡献，更多的是强调妇女群众组织起来发挥主观能动性，围绕经济建设发挥应有的作用。根据中共中央办公厅2018年印发的《关于进一步激励广大干部新时代新担当新作为的意见》，对妇联工作和妇联干部提出了新的要求，号召妇女群众围绕中心工作做出贡献，包括妇女创新创业、成长成才、建功立业等方式，以增强妇联的吸引力、影响力和凝聚力。这既是对妇联既有社会号召力的考验，也是为妇联提升社会号召力提供方向指引。妇联社会号召力的提升要与生动的实践结合在一起。

二 开展"巾帼建新功"提升行动以强化妇联团结带领妇女群众的作用

党的十九大报告明确提出妇联等群团组织要增强先进性就要创新群众工作体制机制和工作方法。妇联增强对妇女群众的社会号召力必须要把重心放在工作实践取得实效上。四川省妇联扎实开展"巾帼建新功"提升行动,围绕创业创新、乡村振兴、基层治理、家庭家教家风,引领广大妇女建新功,为推动治蜀兴川再上新台阶做出贡献,充分体现了妇联的先进性,提升了妇联的社会号召力。

第一,以创业创新行动来提升社会号召力,引领广大妇女在高质量发展中建新功。加强妇联基层组织建设是适应妇女工作新形势和新任务的迫切需要,是妇联谋求自身发展的重要举措。因此,妇联组织应该自觉强化责任担当,以改革创新精神加强妇联组织自身建设,继续深化妇联改革,加强妇联干部队伍建设,持续转变工作作风,把工作重心沉到基层,进一步拓展、畅通联系服务妇女的渠道和手段。在这方面,四川省妇联坚持"双创"跟着产业走,引导女性创业者围绕各地主导产业开展创业创新;坚持"双创"跟着开放走,助推先进经验、前沿技术、社会资本、优秀人才引进来、走出去,借力借智借势促进创业创新蓬勃发展;坚持"双创"跟着人才走,持续实施"精彩人生女性终身学习计划",全面提升女性创业创新能力素质。

第二，以乡村振兴行动来提升社会号召力，引领广大妇女在决胜全面小康中建新功。妇联的基层组织是直接联系各界妇女群众的桥梁，只有建立健全妇联基层组织，妇联才能保持与妇女群众的血肉联系，才能使妇女工作深深植根于妇女当中。因此，四川省妇联扎根乡村，聚焦"发展有劲头"，实施"乡村振兴巾帼行动"，推进农村妇女素质提升计划；聚焦"生活有甜头"，实施"新家园、新生活、新风尚巾帼行动"，让农村成为安居乐业的美丽和谐家园；聚焦"奔康有盼头"，实施"巾帼脱贫行动"，为贫困妇女如期同步奔小康贡献巾帼力量；聚焦"回乡有奔头"，大力实施"回家行动"，开展"技能进家""妈妈回家""法律进家""平安进家"等活动。

第三，以基层治理行动来增强社会号召力，引领广大妇女在构建法治良序中建新功。建构有利于女性生活和发展的良好社会环境是基层妇联组织的应有职责，需要引领、调动广大妇女的力量转化为基层治理的力量，共同建设良好的基层社会生态。四川省妇联充分调动女性力量参与基层治理，发挥彰显优秀女性头雁效应，让更多优秀女性依法参与经济社会事务管理；强化基层自治载体建设，引导基层妇女有序参与民主自治实践，实现自我管理、自我约束、自我服务，提高妇联组织的先进性；推进志愿服务常态开展，培育壮大"妇字号"志愿服务品牌，推动志愿服务向社会治理各领域、各环节延伸，带动更多妇女参与共建、共治、共享。

第四，以家庭建设行动来增强社会号召力，引领广大妇女在价值观培育中建新功。做好家庭工作是党中央交给妇联组织的重要任务，也是妇联组织服务大局、服务妇女的重要着力点，必须把家庭工作作为一项长期任务抓实抓好，引领广大妇女建设好家庭、传承好家教、弘扬好家风。四川省妇联实施家庭文明培育细胞工程，引导广大家庭把社会主义核心价值观内化于心、外化于行；大力推动家庭教育指导服务，努力使广大家庭成为国家发展、民族进步、社会和谐、实现梦想的重要基点；积极开展"传家风、立家规、树新风"活动，广泛开展寻找"最美家庭"、评选"五好家庭"、创建"文明家庭"和"好媳妇、好公婆"等评选活动，引领全省妇女学习发挥独特作用，推动形成爱国爱家、相亲相爱、向上向善、共建共享的社会主义家庭文明新风尚。

三 在组织与个人之间：提升社会号召力的机制建构

妇联组织社会号召力提升是一个长期性的工作和要求，各类行动的开展要着力实现常态化和稳定性，这就需要建构相应的机制来加以巩固。基层妇联组织在自身建设方面已经形成了一系列稳定的运行机制，包括妇联执委会议事工作制度、妇联组织工作公开制度、妇联主席轮值制度、执委联系妇女群众制度、妇联成员的动态管理和激励表彰制度、妇联工作人员培训制度等。这些更多的是针对妇联组织的机关和干部，而提升妇联组织的社会号召力还需要改革创新，建构相应的机制来调动、激励、引领广大妇女群众，让妇联组织在广大妇女群众中更有吸引力、影响力和凝聚力，从而在总体上提升妇联的社会号召力。具体而言，妇联可以通过政治指导机制、价值引领机制、情感交流机制、信息沟通机制等机制性创新来实现社会号召力的持续提升。

第一，强化政治指导机制，加强妇女群众的政治教育引导工作。妇联工作，就是要坚定不移走党指引的中国特色社会主义妇女发展道路，把自觉接受党的领导、团结服务妇女、依法依章程开展工作有机统一起来，确保妇联工作的正确政治方向，提高妇联组织的动员力。四川省妇联自觉承担引导广大妇女听党话、跟党走的政治任务，将是不是把妇女群众最广泛、最紧密地团结在党的周围作为衡量妇联工作的政治标准，引导广大妇女群众增强中国特色社会主义道路自信、理论自信、制度自信，与党思想上同心、目标上同向、行动上同行，真正把党的决策部署变成妇女群众的自觉行动。着力教育引导妇女树立自尊、自信、自立、自强的精神，提高综合素质，实现全面发展。着力教育引导妇女践行社会主义核心价值观，弘扬中华优秀文化，组织开展家庭文明创建，支持服务家庭教育，传承中华民族家庭美德，树立良好家风，推动形成家庭文明新风尚。

第二，创新价值引领机制，加强妇女群众的价值教育引导工作。在当前社会结构、利益格局、思想观念深刻调整变革的过程中，妇女的价值取向和行为方式趋于多元，利益要求和愿望也日益多样化，妇联要着力创新价值引领的载体和方式，尤其是发挥好榜样的力量。四川省妇联组织坚持重心下移、深入基层村屯，持续推出了一大批群众看得见、摸得着、学得来的平凡典型和好人好事，用榜样的力量引领妇女群众崇德向善、见贤思齐。还在三八妇女节表彰三八红旗手、三八红旗集体，评选十大最美家庭、十大杰出父母、十大敬老好儿女。把大批生动鲜活的好人好事汇聚起来、记录下来、传播开去，形成社会正能量。通过寻找"最美家庭"、"绿色家庭"创建、"平安家庭"创建、"巾帼志愿者先进家庭"四大活动载体，引导广大妇女和家庭成员传承美德、树立新风、提升素质，积极投身到健康、文明、平安、富裕、和谐的家庭建设之中。

第三，健全情感交流机制，加强与妇联组织的情感纽带作用。妇联组织既要关注妇女的个体诉求，一对一做好解疑释惑、排忧解难工作；又要深入了解不同妇女群众的所思所想所盼所求，从中发现共性需求和普遍性问题，推动顶层设计和制度完善，使更多妇女普受惠、长受惠。因此，妇联组织应健全联系和服务妇女群众的情感机制，努力推动社会各方服务好妇女群众的新期盼新诉求，将妇女和家庭的生活困难与强烈需求及时反映

第三章 组织力建设的基本思路与实现路径

给政府,并积极推动、协同社会各界共同缓解这一难题,提高妇联组织的吸引力。四川省妇联一方面深化"下基层、访妇情、办实事"活动,组织妇联干部常态化走出机关、走向基层、走进妇女群众,同各个层面妇女群众交朋友,增进同妇女群众的感情。另一方面建立工作运行机制,各级组织在参与项目组织协调、管理监督和技术培训的同时,积极开展组织动员和社会宣传工作,实现组织活动请妇女群众一起设计、部署任务请妇女群众一起参与、表彰先进请妇女群众一起评议,敞开大门请妇女群众提意见、出主意、作评判,着力形成妇女群众工作由妇女群众共同做的生动局面。

第四,推进信息沟通机制,提升联系和服务妇女群众的能力和水平。信息机制主要是通过将网上妇联建设作为四川省妇联改革的重要内容。首先,积极适应"互联网+"的新形势,推动妇联信息化建设,形成网上妇联工作新模式。其次,发挥妇联组织"联"的优势,建立妇联工作项目化运作机制,成立若干专项工作联席会议或协作小组,大力推动妇联工作社会化,为妇联工作争取更多有利资源。最后,有序推进妇联工作专业化,逐步实施妇联干部挂职、兼职制度,安排相关专业人员充实妇联工作力量,推动出台专项法规制度让妇联工作更加专业、高效。四川省妇联坚决贯彻落实习近平总书记的重要指示精神,主动适应"互联网+"的新趋势、新要求,按照中央、省委关于在新时代运用互联网开展妇女工作的重要部署,将网上妇联建设作为四川妇联改革的重要内容。省妇联坚持以推进妇联工作信息化、社会化、专业化为手段,进一步提升联系和服务妇女群众的能力和水平。

第三节 以提升权益维护力为目标,实现妇联服务妇女功能以体现妇联的群众性

妇联既是党的群众组织,也是妇女的群众组织,妇联作为党联系妇女群众的纽带和桥梁的特性决定着其上传下达的作用,要求它把收集到的妇女群众信息有效地传递给妇女权益保障的决策部门和有关部门机构,从而让党和政府能够更有效地做好维护妇女权益的工作。2016年9月发布的《全国妇联改革方案》强调,要提高服务妇女、维护妇女合法权益的能力。① 其中具体包括拓宽妇女有序民主参与渠道、创新妇联维权工作、深化特殊困难妇女儿童帮扶工作以及建立依靠妇女群众推进妇联工作的运行方式。站在这样一个新的历史起点之上,推动四川妇女事业发展,做好四川妇联维权工作,是迫切而且必要的。只有这样,广大妇女群众才能真实感受到妇联改革的成效,有更多的获得感。以此为背景,维

---

① 《中共中央办公厅印发〈全国妇联改革方案〉》,中国政府网,2016年9月21日,http://www.gov.cn/zhengce/2016-09/21/content_5110455.htm。

护妇女权益，筑牢妇联的群众性基础，是新时代四川省妇联发展的重要一环。

一 组织力建设、群众性实现与妇联权益维护力提升

妇联基层组织力建设是以妇女群众对组织的认同为前提基础的，而妇女群众的组织认同形成的主要依据就是妇联代表和维护妇女群众利益的程度，也就是妇联组织群众性程度的体现。妇联组织群众性的实现主要内容就是维护妇女权益，维护妇女权益不应仅仅从狭义上维护妇女权益，也应该从广义上服务女性的全面发展的权益。广义的妇女权益维护要着眼于整体，关注妇女的全面发展。这是新时代的妇女权益发展所要追求的目标，其中包括了利益表达、就业服务、未来发展等。这个目标既是未来妇联组织力建设的基础性工作，也是实现妇联组织群众性的最重要内容。妇联组织力建设要以群众性实现为基础。群众性工作的本意就在于，妇联必须满足妇女群众各方面的需求，必须把包括她们的经济利益在内的广义的利益整合进妇联的组织网络，才能形成妇女对妇联组织的认同。

在中国妇女第十二次全国代表大会上，黄晓薇同志指出，增强群众性，就是要认真履行依法维权和服务妇女的重要职能，为党凝聚妇女人心。群众性是妇联组织的根本特点，各级妇联组织要把广大妇女群众对美好生

活的向往放在工作的首位,同时开展一系列帮扶活动,让妇女群众切实感受到组织对她们的关怀,让她们获得幸福感、安全感。因此,妇联组织要积极开展有针对性的妇女需求调查研究,反映妇女内心呼声,提升妇联权益维护力。妇联组织要针对妇女在参政议政、劳动就业、社会保障、卫生保健、人身财产、婚姻家庭等方面的重点和难点问题,进行调查研究,积极推动相关法律法规的制定和修订。关于妇女全面发展的制度保障,我们不能只局限于消极的妇女权益保护,而是要积极探索新时代妇女权益发展的内涵。①

传统的女性权益保护主要集中在女性的人身、财产以及婚姻家庭权益保护上。这些权益的维护主要是从消极的层面上在女性权益受到损害时被动地维护,而今后妇联的发展方向应该是全面提升权益维护力方面的作用。新时代的妇女权益发展和维护力提升,具体表现在以下三个方面。

第一,着眼政治权益维护力的提升,增强妇女群众在国家政治生活中的话语权。在现实生活中,女性只有积极参与政治表达,发表自己的看法,才能充分发挥社会主义制度的优越性,体现社会主义民主政治的进步。从历届全国人大常委会女性委员来看,1978—2013 年,我国女人大代表比例总体在 20.2%—23.4%,相对增长

---

① 韩志才:《妇女权益保障与社会主义和谐社会的构建》,《当代世界与社会主义》2006 年第 1 期。

了近 3 个百分点。第十三届全国人大女性代表比例为 24.9%，比上届提高 1.5 个百分点，① 女性常委的比例在 9.0%—21.0%，相对增长了 12 个百分点。妇联应该充分认识到女性参政议政的重要性，继续鼓励妇女群众积极参政议政并不断拓展通道，使女性在政治生活中有更多的机会来表达自己的利益诉求，服务党和国家的中心工作。

第二，着眼社会权益的提升，增强妇女群众社会生活的参与度。改革开放以来，女性的就业状况已经取得了显著的改善。在 2010 年第三期妇女社会地位调查数据显示，18—64 岁女性的在业率为 71.1%，城镇为 60.8%，农村为 82.0%。② 在社会保障方面，广大女性群体，特别是农村妇女群众的生活保障得到了改善。农村的养老和医疗保障制度的普及率正在提高。女性就业和社会保障权益的发展也还有很大的提升空间，需要妇联多在社会上宣传女性在就业方面的优势，改变社会对女性就业的态度和成见，同时和相关部门一起联手制定相应的法律法规，切实保障妇女的就业和社会保障权益。

第三，着眼文化权益的提升，保障妇女群众提升文化教育水平的发展权。教育水平是衡量地区发展的重要指标。为了激发女性潜力以使她们在国家建设中发挥更

---

① 《深抓改革锐意进取　组织保障坚强有力——妇联组织建设和干部队伍建设五年回顾》，《中国妇运》2018 年第 9 期。
② 《第三期中国妇女社会地位调查主要数据报告》，《妇女研究论丛》2011 年第 6 期。

大的作用，就需要在妇联的引导下进一步解放妇女群众的思想，提高其文化教育水平。因此，妇联应该广泛关注和保护当代妇女的受教育权，为妇女群众展现新时代女性的自我发展意识和增强女性的综合素质提供服务。

组织力建设、群众性实现与妇联权益维护力提升这三者是相辅相成、同步进行的，要在提升权益维护力的基础之上，实现妇联组织的群众性，进而增强妇联的基层组织力。

二 开展"巾帼维权服务"提升行动，实现妇联服务妇女的功能

妇联自成立起就重视维护妇女群众的利益，但是在不同的时代条件下妇联工作的重心有所不同，在为广大妇女群众利益而主动发声的意识和相应职能发展上经历了多个阶段的变化，改革开放之后这方面职能越发凸显。1988年，全国六届妇女代表大会明确将"妇联的基本职能是代表和维护妇女权益，促进男女平等"写入章程，从而把妇联维护妇女权益的功能更加明确地体现出来。近30年来，妇联高度重视代表和维护妇女权益，实现服务妇女的功能。近年来，四川省妇联在全省开展"巾帼维权服务"提升行动，实现妇联服务妇女的功能。

一方面，着重源头治理，强化妇联维权功能得以发挥的能力。在新的历史时期，为了更好地落实妇联服务妇女、保障妇女权益的作用，四川省妇联深入开展"巾

帼维权服务"提升行动,引导广大妇女尊法学法守法用法,依法维护自身权益。开展"巾帼维权服务"提升行动,实际上也是提升妇联组织力建设的一个具体操作方式。因此,四川妇联组织应当着重源头治理,把维权工作站的建设放在首位,同时提升妇联组织的维权工作能力。妇联提升维权工作能力具体主要从三个方面展开:一是充分发挥妇联组织的政治优势,推动政府在维权工作中进一步重视妇女的权益。二是着重找出妇联维权工作中存在的疑难问题,在解决问题的同时,积极建言献策,帮助政府更深层次地认清问题。三是履行妇联在人大、政协、妇代会上的参政议政职责,为妇女权益保护相关的执法和立法工作提供帮助,强化妇联的维权职能。在维权工作站的建设上,明确要求工作站要符合制度规范和机构规范,权责分明,使妇联能够有效地管理维权工作。集中力量整合法院、派出所、司法所等部门的资源,进行联合治理,让妇女反映的各类维权问题都能够在各部门工作中得到解决。积极组建一批专业维权工作队伍,她们既可以全职工作,也可以利用日常空闲时间来进行兼职管理,做到充分发挥人民群众的主体性,让所有人都能积极参与妇女维权建设。

另一方面,以服务为导向,提升维护妇女合法权益的力度。"巾帼维权服务"提升行动的开展,使得妇女在未来的发展过程中受益。四川省妇联"巾帼维权服务"提升行动的开展始终围绕着以人民为中心的发展思想,更好地代表和维护妇女的合法权益，最终落实到实处主要从三个方面进行。一是坚持男女平等的基本国策，推进维权服务法治化。强化源头推进，推动妇女、儿童发展纲要落地落实，加快《四川省性别平等促进条例》立法进程，逐步推动在市、县两级建立政策法规性别平等评估咨询机制，让男女平等基本国策真正落实到决策的全过程。强化基层落实，紧扣就业歧视、家庭暴力、校园霸凌、性侵等社会高度关切的重点权益问题，常态化开展"建设法治四川·巾帼在行动""法律七进""天府小妹微普法"等工作，帮助妇女掌握法律武器、提高防范意识、维护合法权益。二是努力构建立体畅通渠道，推进维权服务多元化。推进维权服务制度化，健全反家暴多部门联动合作和婚姻家庭矛盾纠纷预防化解机制，积极参与家事审判制度改革，完善集矛盾排查、纠纷调解、法律帮助、关爱帮扶于一体的综合维权服务模式，推动普惠性维权服务措施落地落实。推进维权服务社会化，探索购买社会服务有效机制，为妇女和家庭提供个性化、专业化维权服务。推进维权服务网络化，发挥"网上妇女儿童维权地图＋网上服务大厅＋维权热线"线上平台作用，依托省、市、县、乡、村五级维权服务站点，推动线上咨询与线下服务相结合，更好地保障妇女儿童权益。三是聚焦聚力特殊困难群体，推进维权服务精准化。加强全省妇情民意收集调研，聚焦创业就业、参政议政、文化教育、卫生健康、婚姻家庭、社会保障等领域存在的妇女急难愁盼问题精准施策。持续扩大农村妇女"两癌"免费筛查救助覆盖面,提高受益率。积极开展社会扶贫救助,发挥省妇女儿童基金会积极作用,组织发动各类社会组织、公益慈善组织,精准对接困难妇女儿童需求,凝聚更多力量为她们提供社会帮扶。

三 在制度与行动之间:提升权益维护力的机制建构

妇联改革发展的影响因素是多方面的,其中有两个因素尤其重要:一个是党针对群团组织所做整体改革的指示和方向要求;另一个是现实中妇联干部队伍在开展工作中的行为。也就是说,妇联组织的改革既要与党对群团组织改革发展的指导要求相一致,也要保证妇联干部队伍开展工作的行为协调统一、步调一致,这样才能既确保改革发展的方向正确,又能保证改革发展的举措落实到位。因此,妇联改革就需要同时从制度与行动两个方面寻找改进的办法。妇联在提升妇女权益维护力方面,要着力在整体制度安排和既有制度基础之上进行机制建构,需要同时从制度与行动两个维度展开。

一方面,在制度维度上,要充分开发既有权益制度,开拓创新权益制度。在新的制度中,要把视野进一步打开,要积极统筹、规划如何更好地推动妇女未来发展以及如何更好地投身公共事务之中。具体包括三个方面:一是推动妇女在职场获得更广阔的发展空间。妇联应该会同有关部门在政策的制定中充分考虑女性在职场中的特点和优势，为女性在职场的发展拓展新的更大空间。在用人单位方面，妇联也应当加强宣传呼吁，转变用工方面的歧视现象，关注弱势女性的就业。在教育投入中，要加强开展女性特色明显的技能培训，帮助妇女提升技能和素质。妇联还要帮助妇女就业创业，这是维护妇女的劳动、发展和生存权的重要措施。二是拓展妇女更多参与国家和社会公共事务的机会。随着社会的发展，妇联能够服务国家和社会的公共事务的内容更加丰富，妇联也应以此为契机在协助公共事务的同时，拓展妇联自身的工作空间，保障妇女群众有更多机会参与公共事务。三是继续关注妇女身心健康等方面的权益。女性的"两癌"（宫颈癌、乳腺癌）率在近些年来一直呈上升趋势，这就需要妇联扩大妇女"两癌"免费筛查救助的覆盖面，提高受益率。为了实现目标，妇联要继续做好调查研究、积极宣传、设定目标、举行培训、提供服务。

另一方面，在行动维度上，联动各部门协同合作，充分调动妇女的能动性。要健全妇女权益保障的协同合作，妇联可以和各部门、各组织积极推动相关工作，把权益维护落实到具体的行动中去。具体可以从以下三个方面着手：一是各级妇联组织要以"预防为主、教育疏导、依法处理"为指导原则，充分发挥主观能动性，与党政部门和社会机构积极配合，主动地做好维权工作。二是需要各级妇联组织，特别是基层妇联组织，发挥好桥梁和纽带作用，主动地介入妇女权益保障工作，积极寻求民政部门、公安部门、司法部门等有关部门的合作，各级党委、人大、政府等部门要积极研究制定涉及群众切身利益的政策措施、法律法规、发展规划、重大决策，邀请相关群团组织参与调研和论证，充分听取意见、吸收合理建议，①建立和完善可行、有序、高效和多部门联动的妇女维权协同合作方式。三是建立和完善社会化维权合作行动。可以与法院合作，建立妇女维权合议庭、反家暴合议庭；可以与检察院合作，建立女检察官公诉组、妇女维权工作组；可以与司法行政部门合作，开展妇女法律援助行动，可以考虑妇联干部担任人民调解员；与人力资源和劳动社会保障部门合作，让妇联干部担任劳动保障监督员。

提升权益维护力的机制建构需要协调好相关制度与行动实践之间的关系，把它们两者有机地结合起来，不要制度的层面归制度、行动的层面归行动，而应该形成行动实践探索的成果积极转化为制度，同时通过进一步的行动实践来检验制度、完善制度、丰富制度、创新制度，这样妇联才能够在制度与行动的双向建构中达到不断提升权益维护力的效果。

---

① 《中共中央关于加强和改进党的群团工作的意见》，新华网，2015年7月9日，http://www.xinhuanet.com/politics/2015-07/09/c_1115875561_3.htm.

第四节　以提升组织覆盖力为前提，创新组织建设以奠定妇联组织和工作全覆盖的组织基础

妇联组织作为党与政府联系妇女群众的桥梁和纽带，充分联系与组织最大多数妇女群众是对妇联组织的组织力的考验。通过创新妇联组织建设，不断扩展妇联组织和工作的全覆盖，是提升妇联组织力的有效载体。党的十八大以来，四川省各级妇联组织通过一系列改革探索，积极打造妇联组织新形态，致力于形成"上面千条线，下面一张网，身边一个家"的组织建设新格局。在组织新格局初步形成的情况下，要进一步理顺组织结构间的逻辑关系，为结构要素之间彼此更紧密的联系以形成更有效的网状结构奠定基础。同时，也要思考如何建立组织管理长效机制，从而保障真正的有效覆盖、长期覆盖。

一　组织力建设、组织网络创新与妇联组织覆盖力提升

组织结构设置、组织体系建设是服务于组织目的的。对于妇联这一组织来说，其承担着联系和服务妇女群众的功能。这样的功能定位意味着妇联组织建设的基本方向是不断提升组织覆盖力，形成严密的组织体系和健全的组织网络，从而为组织力的实现奠定组织基础。也就

是说，没有妇联组织的全覆盖，组织力建设就无从谈起；没有组织网络的有效嵌入就无法实现组织动员妇女的目的。通过梳理组织结构要素，形成组织网络嵌入，提升组织覆盖力，方能奠定妇联组织力建设的基础。

随着市场化、网络化和全球化进程的加快推进，妇联组织的建设需要加快适应社会流动、结构变迁、新兴业态出现的新形势，从主体上来看，妇女群众的交往方式和生存形态发生了变化，妇女不仅生活在物理空间中，还活跃在网络空间中，线上交往成为更为普遍的交往方式。就客观环境而言，社会运行方式以及妇联与社会其他力量之间的互动联系也发生了相应的变化，社会组织形式呈现扁平化倾向。这就要求妇联必须创新组织网络，弥补基层组织覆盖上的缺漏，进一步加强基层组织覆盖面，探索搭建现实与网络双重空间格局中组织的灵活设置，例如在现实空间中以楼缘、志缘、地缘、业缘、趣缘为纽带，设立各种各样的功能型组织。在网络空间中，探索网络妇联组织的灵活嵌入，做到哪里有妇女就把妇联组织建在哪里。

妇联组织所要实现的"全覆盖"是一种网络化的覆盖，即不是通过高度的组织控制，而是通过各种妇联工作触角的延伸拓展，形成的一种有空间、有边界的覆盖。在落实基层"会改联"、推进组织区域化建设的同时，还要思考如何进一步加强组织网络的有效嵌入，而不仅仅是横向在各类新兴业态、社会组织中拓展妇联组织，纵向在组织内部畅通联系通道延伸妇联工作。这就涉及妇联组织网络在新形势下的创新设置。具体来说，妇联组织在新形势下进行的组织网络创新需要在两个方面上下功夫。

一方面，在纵向网络上，要着力将基层组织的"一根针"状态变为"一张网"的状态。妇联组织的发展需要警惕科层制结构经过长期运行之后可能呈现的僵化状态，这会导致工作效率的降低，以及出现组织运行的机关化、行政化倾向。近年来，传统的科层制结构逐渐演化为科层制结构与网状结构相融合的发展趋势。妇联组织在改革发展的过程中已经认识到了妇联组织网络在经过较长时间的运行之后，在很多地方出现了"上面千条线，下面一根针"的状况。因此，妇联通过实行基层"会改联"将"下面一根针"转变为"下面一张网"，不断壮大基层组织，在基层不断丰富组织的触角和根系，实现"倒金字塔"结构演变为"平台+网络"结构的过程，正是将网络结构融入层级结构，建立网络化的层级结构的过程。

另一方面，在横向网络上，要着力将基层组织的"单打独斗"状态变为"各方互动"的状态。既往妇联组织运行的资源主要来自上级组织和同级党委，自主性、能动性不够。由于现代社会正在由信息时代向智能时代转变，组织、环境以及组织与环境关系都呈现出前所未有的复杂性。在复杂情境下，妇联组织在通过层级型组织结构来运行组织的同时,更要通过构建横向网络型组织结构来增强妇联组织能动性。这种横向网络状覆盖和建立联系的优势在于,既增强了妇联组织的覆盖力、影响力、关系网,又使各种经济组织与社会组织能够得到政治性组织的支持,从而为基层妇联组织的发展建构起良好的基层生态,例如,通过区域化妇建的方式可以广泛地建立妇联与各类单位之间的联系,从而大大提升组织的覆盖面、增强组织的影响力。

在互联网时代,随着组织运行可以凭借的信息技术手段不断升级和丰富,妇联组织网络的创新除了横向和纵向的组织网络拓展和重构之外,更需要在物理空间和虚拟空间这两重空间中进行组织网络的横向和纵向发展。因此,横向和纵向网络的拓展是妇联组织网络拓展的主要向度,而拓展的空间则存在于物理空间和虚拟空间之中。

二 坚持传统领域—新兴领域"双向发力"以扩大组织覆盖面、提升组织覆盖力

妇联组织网络的创新和完善,既面临着对传统领域的优化和完善,也面临着新兴领域的拓展和开创。传统领域和新兴领域都包括横向网络和纵向网络,而传统领域更多地在于物理空间,新兴领域发展的重点则是组织网络在虚拟空间的拓展,但总体上传统领域和新兴领域这两方面是不可偏废的,而应该基于顶层设计,实现二

者优势互补，系统建构新的组织网络体系，共同作用于妇联组织覆盖面的扩大，共同提升妇联组织的覆盖力。

在经过大刀阔斧的改革后，四川省各级妇联组织通过实施强基固本行动，使基层基础得到前所未有的加强，在此过程中，四川妇联坚持传统领域、新兴领域"双向发力"，扩大了组织覆盖。2018年，全省妇女之家达5.6万个，省市县乡村五级妇联执委增加到近58万人，吸纳挂兼职干部8万余人。网上妇联建设稳步推进，建成以"1网+2微+3平台"为核心的立体网络体系，直接联系妇女800万人。

在传统领域，各地妇联组织不断尝试打破体制内外区隔，整合体制内外资源，实施各类项目推动组织之间的联系。

一是通过"会改联"，四川妇联打通了基层妇联组织的神经末梢和服务妇女的"最后一公里"。例如，内江市在基层改革中通过激发基层妇联组织带领妇女群众脱贫致富的内生动力，将过去妇联组织的服务对象逐步转化为妇联组织的工作力量和生力军，一批热心热爱妇女工作、在群众中有影响力和号召力的优秀女性当选为基层妇联主席，在实际工作中充分发挥了示范引领作用。这些具有知识化、专业化、年轻化的妇联执委充分结合自身的资源优势和特长，更有针对性地开展特色化服务。再比如，南充市全面完成改建后，众多妇女执委通过成立专业合作社、引进企业、签订报价收购协议等带领贫困妇女奔康致富，形成"一家一特色，一家一品牌"。

二是通过乡镇妇联组织区域化建设，四川妇联织密织牢了基层妇联组织网络。例如，泸州市龙马潭区妇联根据辖区妇联组织特点，创新实施妇联组织"大、中、小、微"区域化共建，将12个街镇分为4个大区域，地域相邻的3个街镇为一个区域，实行"春夏秋冬"轮值主席制，在一个年度内，3个街镇妇联主席分别担任一个季度的大区域妇联主席，牵头策划开展相关工作，最后一个季度集体策划；将地域相近的村、社区有效划分共建中区域；驻村（社区）单位共建小区域；以社区小区楼栋为单位共建"微区域"，设置"邻里亲·幸福家庭驿站"，小区楼栋"驿站"之间共同协商开展工作。妇联组织区域化建设充分发挥了妇联的组织优势，打破行政壁垒和条块分割的界限，整合辖区内各个单位、各个组织、各个领域的资源，实现资源共享、优势互补、活力提升，形成女性共同参与、开放互动、全面覆盖的妇联组织建设和妇女工作新格局。

三是通过横向灵活设置基层妇联组织，四川妇联进一步加强了有效覆盖。各级妇联以妇女之家、妇委会、工作室、群团中心等多种形式，在"两新"组织中建立起的妇联组织，充分发挥工作优势，以嵌入式、渗透式的方式，将党的声音、妇联的服务及时传递到妇女群众和广大家庭，工作手臂进一步延伸、工作触角进一步拓展。例如，广元市利州区在农村成立了"巾帼建功农村妇女创业致富互助会",创新"微田园庭院经济"发展模式,引导全区贫困、留守妇女培育发展微田园、微湿地等特色生态文化旅游产业,让贫困、留守妇女生活在家、创业在家、发展在家;在城镇,找准妇女创业就业发展中的着力点,建立妇女居家灵活就业信息库和居家灵活就业示范点,成立"巾帼建功城镇女企业家发展创业致富互助会",促进了企业、产业、创业合作链接式发展。

四是通过坚持群众工作群众做,四川妇联不拘一格会聚人才。例如,南充市高坪区石圭镇壁山村妇联引入阳光家园社区服务中心、心公益大学生志愿者协会两个社会组织与村妇联的工作相融合,成立了全省首个脱贫攻坚社会力量帮扶服务中心,形成了妇联组织、社会组织、志愿者共同服务妇女的工作合力。再比如,成都市双流区妇联坚持采取自贸区"妇女之家"市场化运作机制,充分发挥好20多位行业带头人和20余名智库机构导师的资源优势,为园区内女企业家提供好融资项目对接、品牌策划、法律援助等服务。

在新兴领域,妇联组织积极探索网络空间上的组织功能发挥方式方法,在物理空间中组织发展的同时加强虚拟空间中的组织发展。随着互联网和大数据时代的到来,以大数据为主要特征的移动互联网时代具有海量数据易获取、点对点沟通更便捷、网络自组织迅猛增加等重要特点。这些都为妇联扩展组织网络覆盖面提出了新的机遇和挑战：数据获取的容易度和大数据量，使得妇联组织在实际工作中能够做出更加科学的决策，也能够进一步改进自身的工作流程；网络互动的距离越短，妇联和组织服务对象之间的沟通就越来越容易，妇联工作能够得到更加及时地改进；而各种各样网络自组织的兴起，使得妇联可以直接面对更多已经自发组织起来的群众。在网络上加强社会交往、开展各类活动已经成为当前妇女群众重要的社会生活形态。这就要求妇联组织必须应对妇女群众向网络化生存形态的转移，在新兴领域加强网上组织的建设。

四川妇联在全省积极打造"网上妇女之家"，实施妇联上网工程。建设妇联网上工作新平台。例如，德阳市旌阳区妇联借力借势融入新媒体平台，在全区建立"1端＋2微＋3号＋4网＋N群"的区、乡镇（街道）、村（社区）三级联动立体网络平台。横向建立区一级6个"一呼百应"功能网，六个功能群针对妇女群众不同诉求，将公检司法、律师事务所、两新组织、骨干讲师等相关人士一一对应吸纳入群，为妇女群众提供更专业更高效的服务。纵向以区妇联微信工作群"德慧区"为中心，向下辐射至14个乡镇（街道）、172个村（社区），建立三级妇联微信工作群。多地妇联坚持线上、线下"双网融合"，加强网上妇联建设，结合妇女需求开发网上服务产品，有效开展"妇联＋互联网"各类服务活动，让妇女能在网上找到自己的组织、参加组织的活动，不断扩大妇联"朋友圈"。

四川妇联在传统领域和新兴领域"双向发力"以扩大组织覆盖面、提升组织覆盖力的工作取得了显著成效，也探索出了未来进一步发展的空间和思路。

一方面，在传统领域，妇联组织网络创新的共享思维除了在项目的维度上推动"联"的工作外，还应该重视组织平台的建设。正如互联网企业所形成的平台的优势就在于，让更多的、单个的企业和社会组织进入平台，参与平台内的竞争，从而这些企业和社会组织就被这个平台"联"起来了。企业和组织在平台内会通过细化分工自然形成产业链和上下游关系，于是也就增强了平台在整合各类资源中的功能。妇联在组织建设中也应该借鉴这样的思维。发挥自身组织网络优势，打通网络节点之间的区隔，形成节点与节点之间更紧密的联系，将更多的社会力量聚集到妇联周围，将更多先进的技术资源吸纳进妇联平台，形成资源最佳整合优势。在整合优质资源的同时，还要发挥互联网时代共享精神，深入推进区域化妇联建设，在节点联系之间形成枢纽站，更充分地利用和配置优质资源，让更多的妇女群众真正受益。

另一方面，在新兴领域，网上妇联组织建设毕竟还在初级阶段，尤其需要思考如何克服网上网下"两张皮"、推动网上组织与网下组织的整体性发展，从而增强妇联组织建设的整体性和系统性。目前，全省各地妇联组织开始尝试建立网络型和网络上的基层妇联组织，但有些地方网上妇联的建设仍然偏重于工作和服务的科学管理，抑或是注重与服务对象之间的有效互动。从形式上来看，这些网上妇联建设仍然仅仅是网下妇联工作向网上的转移，在与网络上女性社会组织对接方面仍然缺乏创新。妇联的网上组织建设不能仅仅是建设一个数据平台或者管理平台，而是要使妇联在网上建组织，特别是要加强与各类网络自组织之间的联系，加强对网络自组织的吸引凝聚和吸纳，形成网上网下的良性互动，优势互补。

三　在组织与工作之间：提升组织覆盖力的机制建构

群团组织实现"双覆盖"（即组织覆盖和工作覆盖）对妇联提升组织覆盖力指出了明确方向，这也是妇联组织力建设的强基固本之举，只有通过长效化机制建设才能夯实组织基础，才能有效避免在某些领域中工作的缺失。从组织建设的组织覆盖和工作覆盖角度来理解，妇联组织组织形态有内在的差异性，既有以组织关系为基础的传统关系型组织，也有以工作服务为目的而建构的新的功能性组织。

妇联在组织整体建设过程中既要重视妇联自身组织的建设，也要整合其他多元的社会力量，这既可以由妇联主导来建构组织网络，也可以由妇联和其他社会组织合作来搭建合作平台。功能性组织总体上还体现着临时性的特点，以项目运行为主，尚没有形成制度性、稳定性的组织结构和组织网络。妇联也通常要以具体的项目运行为载体来推动妇女发展，而这种项目制的工作方式就要和组织建设有机结合起来，思考如何将工作性成果转化沉淀为组织性内容。妇联在项目制工作和组织建设的工作中所作的大量工作还需要进一步融入组织建设的整个体系化工作。

因此，妇联可以将组织既有的科层制组织网络进一步优化，还可以将各类的社会组织整合到组织体系之中，以实现融合对接，并且打通体制内外的区隔，创新组织网络，发挥妇联组织在体制内的资源和权威优势。让妇联组织真正起到承上启下、综合协调、中枢调度的作用，将妇联建成凝聚广大妇女群众并反映诉求的组织载体和通道，建成与其他妇女社会组织合作共治的平台。抓住群团组织承接政府项目的契机，承接政府大型、常规、公共和公益服务项目的委托，也可以作为中枢组织将项目委托给专业性、灵活性更强的社会组织承担。

妇联开展工作仅仅实现多层次、多主体的组织体系的构建是不够的，还要建立起来能够支撑这个组织体系有效运行的工作队伍。目前，基层妇联组织建设已基本实现纵向到底，但支持组织运行的人才队伍还存在横向建设不到边的现状。因此，如何真正实现妇联组织的组织、工作双覆盖，需要构建纵横交错、条块结合的妇女工作网络，不仅在组织上实现"纵到底、横到边"，更要把活动、服务、影响渗透到每一个组织中去，既能提高妇联组织的吸引力和影响力，也能提升各级妇联干部的工作水平，让已建妇女组织主动去办活动、做服务，让有条件的家庭农场和专业合作社等主动建组织，力求实现最大限度地组织覆盖和工作延伸。

未来，妇联组织应积极探索组织覆盖力提升的工作思路，通过"建组织、壮队伍、强服务、扩阵地"，形成组织覆盖力提升的有效工作机制。一是组织联建机制。构建立体化组织网络架构，提升妇联组织凝聚力。充分发挥妇联组织"联"字优势，突破行政和条块分割的界线，搭建纵横交错、全方位覆盖的立体化、开放式组织网络，使妇联组织"强"起来，破解传统组织模式辐射面窄、渗透力弱的瓶颈问题。二是队伍联管机制。优化妇女工作队伍结构，提升妇联干部战斗力。按照区域一体、动态管理的原则，通过打破身份界限、行业界限，积极挖掘各行各业优秀女性人才进入妇联班子，使妇联工作由"单打独斗"变为"团队作战"，实现基层妇联干部队伍的优化配置和科学管理，使妇联干部"动"起来。三是重要活动联办，在合理部署、统筹规划的基础上，通过上下联动、城乡带动及部门互动，多方发力，构建妇联组织对妇女群众有求必应，妇女群众对妇联组织一呼百应的良好格局，使妇联形象"树"起来，保证服务多样化，形成覆盖面广、影响力强的工作局面。四是阵地联用机制。各级妇联组织积极整合共享资源，多举措加强阵地建设，不仅仅是实体阵地建设，更需要扩展网络阵地建设，通过组建新媒体矩阵，加强对网络妇女自组织的联系与合作，把妇联工作精神、工作经验和工作项目广泛链接在互联网上，全方位渗透妇女工作，使妇联工作"活"起来。

第五节　以提升群众凝聚力为基础，激活全域基层以增强妇联组织联系与整合群众的现实能力

妇联作为党的群众组织，是党和政府联系群众的桥梁和纽带，兼具政治性和社会性，在这两个方面的功能中，社会功能是政治功能的基础，只有发挥好联系、组织、凝聚的社会性功能，才能够真正实现服务党和国家中心工作的政治性功能。换言之，要实现巩固和扩大党执政的阶级基础和妇女群众基础的政治目标，妇联组织必须最大限度地凝聚广大妇女群众的共识，把亿万妇女最广泛、最紧密地团结在党中央周围，引导妇女听党话、跟党走。因此，妇联组织社会功能的实现程度表现为妇联组织的群众凝聚力程度。能否做好党在妇女工作方面的有效桥梁和纽带取决于妇联组织群众凝聚力的高低。群众凝聚力的提升既是妇联组织长期发展的永恒命题，也是新时代妇联组织力建设的题中之义。

第三章 组织力建设的基本思路与实现路径

一 组织力建设、联系整合能力增强与妇联群众凝聚力提升

妇联组织的群众凝聚力是妇联对妇女群众的吸引力、号召力和影响力。要加大对妇女群众的吸引力,加强对妇女群众的号召力,扩大对妇女群众的影响力,就要切实提升妇联联系群众、整合群众的能力。联系能力就是找到、接触到妇女群众的能力,整合能力就是把分散的妇女群众从一盘散沙的状态经过有效组织变成有机的力量,动员妇女团结起来服务国家中心工作和妇女自身的发展。党的十九大报告指出:"增强群众工作本领,创新群众工作体制机制和方式方法,推动工会、共青团、妇联等群团组织增强政治性、先进性、群众性,发挥联系群众的桥梁纽带作用,组织动员广大人民群众坚定不移跟党走。"

随着市场化、网络化和全球化进程的加快,社会结构和社会运行方式,以及妇女群众的交往方式和生存形态都发生了巨大变化。这就意味着,妇联在与妇女群众和社会其他力量之间互动的方式也应该发生变化。但长期以来,妇联一定程度上存在适应时代变化、调整联系群众的方式方法的及时性和有效性不足的问题,使得妇联逐渐出现了脱离妇女群众、脱离基层的危险。妇联脱离群众最直接的表现就是妇联在妇女心中没有存在感,妇女遇到问题的时候想不起来应该找妇联,而妇联想联系妇女的时候也无法有效组织起来。

因此，提升联系整合群众的能力要解决的是妇联组织力不足的问题，具体而言可以从两个方面入手：一方面，完善制度机制，在创新体制机制上下功夫；另一方面，提升干部能力，在增强群众工作本领上下功夫。然而，妇联不是仅仅做好自身建设就可以了，妇联工作的有效性还要建立在对妇女工作对象需要的把握上，要在满足妇女的需求基础之上建构其对党的认同，以凝聚妇女群众力量来服务党和国家的中心工作。

新时代条件下，以市场化、网络化和全球化为特征的社会结构的变化促使妇女群众形成了更加多样丰富的需求。对妇联来说，要有效实现其功能，不仅仅是保证能够覆盖到妇女群众就可以了，还需要将已经联系到的广大妇女群众从一盘散沙的状态变成有组织的状态，形成有机的力量。表现为妇女群众与妇联组织之间要形成稳固的联系和互动关系，妇女中有能力、有资源的妇女代表和骨干逐步成为妇女工作的带头人，妇女中的一般性妇女也能够认同妇联工作并长期持续支持妇联工作。不同领域的妇女之间通过妇联形成互动和合作。为有效提升妇联整合群众的能力，需要以共同利益和共同价值为抓手开展工作。

一方面，以共同利益来整合联系妇女群众，有效服务妇女群众需求。利益决定立场，立场决定态度。所谓利益，是人们通过社会关系表现出来的不同需求，它是人的生存、发展与尊严实现的基本条件。人的需求的复合性，决定着利益构成的多样性，包含了人的生存性利益、权力性利益、尊严性利益与发展性利益等。把握了需求与利益之间相辅相成的关系，就能有效通过服务妇女群众多样性需求来推动其利益的实现，从而赢得妇女群众的立场，引导妇女群众的态度并进行有效动员。妇联组织应坚持以妇女需求为第一信号，千方百计为妇女群众做好事、办实事、解难事，把联系和服务妇女工作做实、做细。特别是要关注和服务妇女民生需求，争取整合教育、就业、医疗等方面资源向妇女群体倾斜。此外，妇联组织服务群众需求要盯牢群众所急、党政所需、群团所能的领域，重点帮助妇女群众解决日常工作生活中最关心、最直接、最现实的利益问题和最困难、最操心、最忧虑的实际问题。打造符合妇女群众需求的工作品牌，推动构建覆盖广泛、快捷有效的服务妇女群众体系。通过项目招聘、购买服务等方式吸引社会工作人才、专家学者、社会组织等力量参与服务妇女群众工作。

另一方面，以共同价值来整合联系群众，有效服务国家中心工作。1949年以来，妇联组织在团结妇女服务国家和社会，推动妇女参与国家和社会建设方面积累了大量的经验，取得了显著的成绩。随着社会的发展和变化，妇联组织用以团结、整合群众的共同价值观也应当有新的阐释。党的十八大提出"两个一百年"奋斗目标，习近平总书记提出实现中华民族伟大复兴的"中国梦"，描绘了国家富强、民族振兴、人民幸福的美好前景。实现党确定的宏伟目标，根本上要靠全体人民的劳动、创造、奉献，必须加强和改进党的群团工作，更好组织动员群众、教育引导群众、联系服务群众、维护群众合法权益，充分激发蕴藏在人民群众中的巨大创造力，凝聚起实现"两个一百年"奋斗目标和"中国梦"的磅礴力量。作为党的群团组织，妇联组织现阶段价值整合的核心问题，是要增强妇女群众对"中国梦"的认同，要以"中国梦"为内核建构国家和民族的共同理想，引领妇女群众的梦想，从大处着眼，求同存异，凝聚共识，形成合力。

二 全域激活基层组织力以提升联系、整合群众能力

妇联组织做好一切工作的根本，是有效地联系和整合妇女群众，这既是作为党的群团组织的要求，也是作为妇女的群众组织的要求。妇联联系整合群众的能力要以妇联强大的组织力为依托，二者在本质上是一致的，是相互促进、共同发展的。强大的基层组织力的塑造需要充分激活妇联基层组织，激活基层领域中做好妇女群众工作的各个要素和相关主体。四川省妇联认真贯彻中央、省委对群团改革强"三性"、去"四化"的要求，全面深化改革，在提升基层组织力以提升联系整合群众能力方面进行了系统性优化，通过激活组织、激活制度、激活队伍、激活个体来达到全域激活基层各类要素和主

体的效果，有效提升妇联联系整合群众的能力。

第一，激活基层联系整合群众的组织，切实壮大联系群众的触角根系。为了弥补基层妇代会制度的不足，全国妇联推出了"会改联"的改革要求。"会改联"工作要坚持区域化党建带妇建。借助区域化党建的有利态势，开展区域化妇建，使妇建与党建在工作内容和工作空间上紧密结合；同时加强乡镇（街道）妇联班子队伍和组织建设、乡镇（街道）妇联制度建设、乡镇（街道）线上线下妇联阵地建设。

第二，激活基层联系整合群众的制度，扎实改善联系群众的方式方法。在中央精神的指导下，四川省妇联抓住改革契机，全面夯实妇联改革的制度基础。一是加强基层妇联规范化建设，全面落实代表常任制度、常委执委会工作制度、执委界别工作制度、执委工作制度和执委联系妇女制度等，进一步完善基层妇联亮牌子标识、亮组织架构、亮工作职责、亮执委身份、亮活动内容等亮牌服务，促进日常工作高效开展。二是健全落实各级妇联干部直接联系妇女群众制度，打通与妇女群众联系的"最后一公里"，不仅"身入"，而且"心入""情入"，把妇联组织的根更深更广地扎在广大妇女群众之中，及时掌握妇女新需求，总结基层鲜活经验，把基层妇联的有益探索实践总结上升为妇联组织的制度成果、工作成果，不断提升妇联组织战斗力。三是加强妇联组织保障机制建设，推动市（州）、县（市、区）全面落实"一元钱"妇联工作经费，乡镇（街道）妇联工作经费纳入乡镇财政预算，足额保障村（社区）妇联组织活动经费，为基层妇联开展工作提供基础保障。

第三，激活基层联系整合群众的队伍，全力提高联系群众的素质能力。在改革的倒逼和推动下，四川省妇联坚持优化结构，积极吸纳各族各界、各行各业更多优秀妇女进入各级妇女代表大会和执委会、常委会，探索建立"专挂兼"相结合、优势互补的妇联队伍，不断增强妇联组织联系的广泛性、群众性、代表性。比如，泸州市龙马潭区妇联通过严格程序标准，将居住在各村社区的女党代表、女人大代表、女政协委员、女党员、女致富带头人、女文明新风带头人、女公益事业热心人、女大学生"村官"、"两新组织"女负责人等巾帼精英吸聚到妇联组织领导班子中，兼任副主席、执委常委和执委，有效地增强了妇联组织的影响力、凝聚力，促进妇联干部队伍精英化。这些女性群组中的精英和积极分子，都是实际承担联系群众和公共服务的参与者，但此前却缺乏参与妇联组织的正式机制。此次妇联改革中着力推动的兼职干部机制，就是通过组织扩容吸纳更多体制外人士共同参与妇联工作，壮大妇联组织的队伍。此外，坚持队伍能力提升，根据履职新要求分层分类开展妇联业务培训，确保各级妇联主席和基层执委任期内接受不少于一次培训，努力建设适应新时代、新要求的妇联工作队伍。着眼于能力提升的培训有利于强化妇联工作队伍的身份意识、组织认同、履职能力，使她们真正成为知妇女群众、懂妇女群众、爱妇女群众，能够做好妇女群众工作的行家里手。

第四，激活基层妇联联系整合的个体和家庭，全员动员做好基层妇儿工作。四川省妇联坚持眼睛向下、面向基层，把党的群众路线贯穿始终，持续把脉妇女群众日益增长的美好生活需要，以共同利益整合妇女群众，全心全意服务妇女群众需求，尤其是在服务妇女素质提升和家庭建设等需求方面狠下功夫。

一方面，就妇女个人层面而言，围绕学习贯彻习近平新时代中国特色社会主义思想、宣传党中央大政方针、落实省委决策部署，面向妇女深入开展"巾帼心向党·扬帆新征程"等主题活动，凝聚起广大妇女向上向善的巾帼正能量。倡导妇女终身学习，推动妇女自身进步，聚焦妇女多元需求，开发"四川女性享学吧""四川省网上家长学校"等线上学习平台，建立高校女性人才实训基地、女大学生设计创意基地等线下实训阵地，积极开展各类培训活动，引导广大妇女认知自我、发展自我、提升自我，创造精彩人生。在四川省妇联的组织和带领下，妇女居家灵活就业取得显著成效，成立妇女手工编织、绿色种植、生态养殖等各类协会、促进会230个，手工产业从业妇女超过25万人。巾帼脱贫行动得以深入推进，建立国家级巾帼脱贫基地81个、省级妇女居家灵活就业示范基地35个、市县级"妇字号"基地582个，开展实用技术培训 1719 期,带动贫困妇女就业 14.8 万人,推荐 1.65 万名建档立卡贫困妇女获得扶贫小额贷款 4.2 亿元,"合作社+妇联+妇女"经营模式有效推广。女性"双创"得到蓬勃发展,建成四川妇女就业创业孵化园、四川自贸区巾帼产业外贸出口平台等"双创"平台,实施"春蕾绽放"妇字号创业项目,举办巾帼农家乐技能大赛、家政大赛等各类技能比赛上百场,打造"天府妹子""天府创女"等工作品牌,培育众创空间 30 个、女大学生创业就业见习基地 50 个,帮助 6.1 万名妇女实现创业就业。

另一方面,就家庭层面而言,扎实推进家庭教育指导服务,组建家庭教育研究会、早教行业协会,制定早期教育行业规范,开展"科学家教进万家""母亲课堂"等活动,带动 5.8 万所家长学校、600 余个微课堂群为广大家庭提供常态化、规范化服务。好家风带动好社风取得明显成效,倡导推广"孝、爱、亲、和、廉"家庭美德"五字诀",探索建立"妇联+幸福使者+家庭"四川模式,面向全省开展寻找"最美家庭"、创建"平安家庭"、评选"五好家庭"、推荐"文明家庭"系列活动,群众性家庭文明建设活动广泛开展。家庭服务更加人性化,制定居家养老服务质量规范、家政服务质量规范,探索建设巾帼助老驿站等家庭服务平台,一大批巾帼志愿服务队伍活跃在城乡村社。

三 在全局与基层之间：提升群众凝聚力的机制构建

组织覆盖和组织网络是实现妇联组织功能不可或缺的载体，但是仅有载体是不够的，还必须激活组织网络，赋予组织生命力。然而，妇联基层组织建起来是基础，还必须实现基层组织服务妇女发展、服务中心工作的价值和功能转化，这都要求妇联做好联系整合妇女的工作。因此，基层组织力建设必须以提升组织的群众凝聚力为更高层次的目的，这一目的的达成不仅需要基层组织的努力，还需要妇联组织基层与整体的相互配合，将基层妇联工作与妇联工作整个体系格局融合起来，共同发展。

基层妇联是与妇女群众连接最为紧密的组织，是其切实感受到组织的关怀并产生认同感的一线地带，这也赋予了基层组织重要的职能使命。但在实际工作中，部分基层妇联在资源和能力上相对不足，从而成为妇联组织亟待加强的一环，巩固不好基层建设，就谈不上为党的执政巩固妇女群众基础。基层作为妇联的神经末梢，是妇联与群众的接触点，是联系和整合群众的终端，向基层妇女群众传达党和国家的政策要求，也可以倾听来自基层妇女群众的不同声音，更好地服务各界妇女群众，让妇联组织更加具有凝聚力与吸引力。因此，提升妇联组织的群众凝聚力要从基层抓起。

但基层作为组织整体的一部分离不开组织全局的支持予以保障，基层妇联的发展就需要以妇联的全局性支持作为支撑。妇联上级组织应该在观念上和资源上对基层组织进行支持。其中，在观念问题上，既需要把握妇联在群团组织中的定位以发挥好自身优势，又要优化妇联组织科层制体制以化解与基层的沟通屏障。在资源整合上，既要有体制内资源的整合，也要打破体制内外区隔，发挥社会性优势，更多获取社会资源的支持。要在机制上保障让整合后的体制内外的资源能够有效对接到基层。因此，妇联基层组织的壮大需要依靠妇女工作全局发力，从而立体地提升妇联群众凝聚力。要解决基层问题就要寻求立体的解决方案，从整体的组织重塑入手来把握，而整体重塑的目标就是以解决基层问题为考验标准。继而，妇联组织的整体和基层之间便建构起一种相互依存的状态。

一方面，依靠组织整体重塑来增强基层组织发展能力。"必须重塑组织形态，以群团组织作为平台，以整合体制内外与组织内外的资源，并以共赢方式实现这些资源的整合，提高推动这些资源转化为基层组织服务其联系对象的能力，而不是简单地仅仅让基层组织独立。"[1]对于妇联组织来说，各地区要根据《全国妇联关于贯彻落实〈中共中央关于加强和改进党的群团工作的意见〉实施方案》和《全国妇联关于加强服务型基层妇联组织建设的意见》坚决贯彻执行。

---

[1] 郑长忠：《以有效支持存在：群团基层组织建设的方向》，《中国党政干部论坛》2016年第7期。

第三章 组织力建设的基本思路与实现路径

从省级层面来看，需贯通妇联组织和社会组织之间的联系渠道，以全国妇联的要求为立足点，围绕攻坚痛点，形成有妇联特色的解决方案。建立起以社会组织为定点对接平台，以智库咨询为外围合作平台的多层次辅助半径的妇联工作模式。只有以圆心作为指挥中心，以半径作为工作范畴，才能形成体制内外的贯通，从而实现以机制指导实践，以实践推动机制的良性循环。

从市、县级层面来看，需从重组资源角度着手，打通资源配置障碍的最后堡垒。市级层面是妇代会后工作推进的中间枢纽，它承接着全国妇联指导性方案的接收和下发工作。市级层面率先打通资源的流通，在薄弱的地方要注入社会组织或相应力量，既要有通过内部整合可以获得的体制内资源，又要有通过网络层面筹到的社会资源。此外，市县层面还要对下级组织在各方面遇到的问题进行整合，制定相应的解决办法，形成指导性工作手册。

从乡镇层面来看，首先乡镇要建立起完善的项目清单。乡镇的工作与省市有一定的区别，项目清单要符合本乡镇的实际情况，并对区域内妇女群体的需求做长期的跟踪调研，才能建立起既有特色又可操作的清单。其次乡镇要做好资源输入的衔接工作，具备承接上级组织资源的能力。此外，乡镇还要把自身开展工作的具体做法和支持要求及时向上级组织报告沟通。

另一方面，依靠整体制度扩容来支持基层有效重组。妇联不应人为设定基层的框架和服务边界，要跳出科层制的机制设立干部队伍，以开放包容的心态将最大多数的妇女群众吸纳到组织工作中来，这都是基层工作应考虑的内容。同时，还要把基层服务的范围不断朝更深处延伸，以制度性手段作为机制性保障，以此使基层概念得以重新定义。

"会改联"作为用来弥补基层组织有效性不足的制度安排，是对基层的局部扩容，在当前阶段取得了有效的成果，但随着基层的不断发展，"会改联"的制度也需要进一步丰富内涵，要在不断的改革推进中实现有效性重组。"会改联"后，组织建设进入一个新的形态，相应的，需要借助各方的力量融合，使组织形态得以完善。这其中就需要组织的各个层级围绕"会改联"后基层的活跃状态进行制度扩容，并与组织整体性重塑同步进行，双管齐下保障组织的运行效率，这也应是"会改联"后基层发展所要遵循的新路径。

在基层局部性扩容的基础上，基层组织还要加强自身整合、获取、调动、运行资源的能力。一是要将基层妇联打造成为整合资源的平台。对基层来说，资源是做好工作的基础。以资源为支撑，便建起了基层对接群众的桥梁，资源如果缺失，基层也就少了服务群众的资本。从现实来看，基层的资源主要包括人力、资金、技术。基层要提升服务能力就需要将资源的方方面面加以统合，需要吸纳本地以外的物质资源，打通体制内外、组织内外、地区内外的区隔，使得资源获得的途径多样化，也有更多选择项。二是要将基层妇联打造成为输送资源的通道。基层除了资源禀赋有限外，还需要打通传送资源的通道。资源禀赋强调的是人员、物质和技术等条件，当基层妇联成为整合资源的平台后，下一步就面临将聚起来的资源盘活的现实要求。从根本上看，信息的匹配度和通道的畅通度就成了关键因素。随着"会改联"工作的全面铺开，基层工作人员的基数增加，与之相对应服务工作的深度和广度也有了较大提高。

第六节　以提升自我革新力为保证，推进妇联改革以创造妇联组织持续与有效发展的前提条件

一个组织的生命力在于不断进行自我革新。只有不断进行革新，才能跟上形势的发展和时代的变迁，时刻保持旺盛的生命力。党和国家领导人多次对群团组织提出提升自我革新能力的要求，要以自我革新的勇气解决自身建设中存在的问题。自我革新力是组织力建设的重要组成部分，也是基层组织发展的保证。四川省妇联在近几年的工作实际中不断增强了自我革新的能力，为进一步提升妇联组织的自我革新力积累了经验，也需要以此为基础继续探索下一步改革的方向。

一 组织力建设、群团改革成果巩固与妇联自我革新力提升

在群团改革的背景下,妇联要以提升自我革新力为保证,推动妇联改革以推动妇联发展。提升群团组织自我革新力,就是要以正视问题的自觉、以刀刃向内的勇气、以改革创新的精神,着力解决自身建设中存在的突出问题,推动基层组织和基层干部自我净化、自我完善、自我革新、自我提高。[①] 一方面,要把群团组织改革成果进一步巩固好,转化为妇联组织力的内容,把妇联建设得更加充满活动、更加坚强有力,使之成为推动国家治理体系和治理能力现代化的重要力量。另一方面,要解决现阶段存在的问题,提出改进策略,服务好妇女发展。

妇联要以提升自我革新力为保障,要对标先进找差距,清晰地认识到自身的不足,在补齐妇联建设短板、加强队伍建设、严肃妇联组织生活、加大基础保障等方面,以勇于自我净化、自我革新的勇气和毅力,推动基层妇联组织自我完善、自我提高。然而,妇联组织力的提升不是一蹴而就的,也不是某一阶段就能够完成的,这就需要妇联自我革新的意识不断提升。从妇联发展的现实情况来看,要实现自我革新能力的提高,需要做好以下三个方面。

第一,妇联组织要积极树立自我革新的意识。随着

[①] 李小新:《全面提升基层党组织组织力》,《光明日报》2017年11月27日。

社会的发展，女性参与社会的意愿越来越强烈，越来越强调自身的发展，妇女群众的交往方式与生存形态已经发生了根本性变化，国家治理要适应这种变化趋势，党的群团工作也要适应新变化。现阶段很多妇联干部都是在传统体制下成长起来的，与年轻的女性还存在代际差异，也缺乏与社会各类机构的沟通交流，对服务对象了解不深，这就要求妇联干部要接受新观念、面对新问题，树立自我革新的意识，主动了解社会发展变化，了解妇女群众需求，与时俱进，从而将自我更新的意识带入组织发展中，以自我观念革新推动体制创新。不仅体现在观念上要有这种认知，也有相应的制度安排和组织创新以调整妇联组织与社会之间的关系，加快重构与政府、市场和各类社会组织的关系。妇联要以发展的视角重新看待制度和组织，摒弃原有制度的弊端，实现组织创新和制度创新，不断完善妇联组织形态。只有树立自我更新的意识，坚定改革信心，强化责任担当，才能不断开创妇联改革新局面。

第二，巩固改革的成果，将其转化为妇联组织力的内容。妇联已经根据国家治理现代化的要求渐进地推动了许多创新与发展，取得了相应的成果，在此基础上深化改革，持续推进妇联组织力的提升。以四川省为例，四川省委、省政府高度重视妇女事业和妇联工作，先后召开省委党的群团工作会议、群团工作经验交流会，制定下发《中共四川省委关于加强和改进党的群团工作的实施意见》等文件，颁布实施《四川妇女发展纲要（2011—2020年）》《四川儿童发展纲要（2011—2020年）》，将妇女事业和妇联工作纳入全省经济社会发展全局进行系统部署。四川省第十三次妇代会报告提出四川妇联先后出台了100多个改革配套文件，各省、区、市妇联改革方案全部印发实施。这些文件、措施是保障四川省妇联改革方案实施的有力武器，用妇联机关的领导班子、部门、体制机制、干部选用方式的调整解决了基层组织薄弱等长期没有得到解决的问题。这些内容是完成妇联改革的基础阶段的任务，可进一步转换为妇联组织力。夯实基层基础，部署改革下一步行动，全国妇联联合有关部门出台了《关于进一步支持和推动基层妇联组织建设和基层工作的意见》，制定了《关于进一步深化改革　夯实基础　更好发挥基层妇联组织作用的意见》，①并以此为依据，实现基层妇联改革新突破。

第三，正视现阶段的问题和不足，找出有效对策。习近平总书记对我国全面深化改革面临的问题强调："围绕这些重大课题，要有强的问题意识，以重大问题为导向，抓住关键问题进一步研究思考，着力推动解决我国发展面临的一系列突出矛盾和问题。我们中国共产党人

---

① 黄晓薇：《高举习近平新时代中国特色社会主义思想伟大旗帜　团结动员各族各界妇女为决胜全面建成小康社会　实现中华民族伟大复兴的中国梦而不懈奋斗——在中国妇女第十二次全国代表大会上的报告》，2018年10月30日，内部资料。

干革命、搞建设、抓改革，从来都是为了解决中国的现实问题。可以说，改革是由问题倒逼而产生，又在不断解决问题中得以深化。"① 从现阶段的妇联改革中可以看出，各地区之间存在明显的差异，仍然存在改革不平衡、不充分的问题，深化妇联组织改革要以问题为导向，由整体改革方案到基层具体落实，把改革落准落细落实，使妇联的改革更加精准地对接地区发展需要、女性发展需要。根据中央的要求，下一步群团改革任务最重要的是推动各群团组织结合自身实际，紧紧围绕增强"政治性、先进性、群众性"，直面突出问题，采取有力措施，敢于攻坚克难，注重夯实群团工作基础。② 妇联各级组织要查找组织内部存在的问题与不足，尤其是"会改联"之后基层运行产生的问题、与组织不适应以及工作方法过时等问题，这些具体实践产生的问题，制约着基层的发展，需要依靠更加多元化的手段去解决，这就要求妇联组织敢于面对问题，既要形成改革新思维，又要保证基层工作有效推进；既要调整内部矛盾，也要处理好外部关系，比如将各类社会组织聚拢到妇联组织周围。如何破除体制区隔，如何重构与社会组织之间的关系等问题是下一步改革中要深入思考的，需要贯穿于妇联改革各项工作中的，妇联的改革创新还将进一步探索，在实

---

① 习近平:《关于〈中共中央关于全面深化改革若干重大问题的决定〉的说明》,《求是》2013 年第 22 期。

② 郑长忠:《坚定改革信心　强化责任担当　将群团改革进行到底》,《中国共青团》2017 年第 10 期。

践中不断丰富完善。

妇联改革方案的出台仅是第一步，如何将改革方案转化为可操作、可实施的具体措施，尤其是在基层落实改革政策时可能遇到的各种困难，就需要考虑进一步整合多元的社会力量，从群团改革自身发展出发，以"钉钉子"精神和勇于"啃硬骨头"的决心来攻坚克难，解决现阶段面临的问题，与时俱进地通过组织适应性发展来面对内外部条件要求的变化。妇联组织的自我革新力也是考验基层组织力的至关重要的一环。因此，如何应对和解决上述问题将是下一步妇联改革的重点。对于妇联来说，改革永远都是进行时，这也是对妇联组织力提升的要求。

二 纵深推进妇联改革以推动妇联持续与有效发展

2016年9月，中共中央办公厅印发了《全国妇联改革方案》，对全国妇联改革进行部署，标志着妇联组织全面进入"改革进行时"。四川省妇联经过两年时间的努力，已经完成了"从0到1"的改革阶段，根据国家治理体系和治理能力现代化的要求，渐进地推动了许多创新与发展，下一步要在此基础上，纵深推进妇联改革，从而进入"从1到N"阶段。具体而言，妇联改革工作可以从以下三个方面推动发展。

第一，纵向深度进一步延伸。按照习近平总书记关于"要增强政治性、先进性、群众性，把妇联改革进

第三章 组织力建设的基本思路与实现路径

行到底"的要求,使妇联改革任务全面到位。"坚持问题导向、对症下药,进一步在强化基层基础和密切联系妇女群众上下功夫,持续扩大妇联组织覆盖面,坚持哪里有妇女群众、哪里就有妇联组织,创新组织设置形式和组织形态,加强网上妇联建设,最大限度将各行各业女性吸引到妇联组织周围。"[①] 贯彻落实中国妇女十二大精神,四川省妇联改革深入推进,要进一步扩大组织覆盖,推动妇联组织向基层扎根、向社会各领域延伸,消除妇联组织和妇女群众间的隔阂,使妇联组织和妇女群众充分联系起来。下一步,深化妇联改革向基层发力,把妇联组织的触角延伸到基层最末梢,完善妇联基层组织工作机制,落实基层妇联干部直接联系妇女群众制度,提升基层妇联干部履职能力。妇联组织打破体制内外区隔,团结吸纳更多各行各业的优秀女性来参与妇联工作,把服务对象变成工作对象,解决力量不足的问题,形成覆盖体制内以及不同利益群体妇女的枢纽型妇联组织工作体系。积极推动在城乡社区普遍建妇联,创新组织设置,强化基层基础,加强基层组织建设进一步同乡村振兴战略有机融合,与地方产业发展水平相匹配,与乡风文明程度相融合,做好妇联工作的同时,当好基层党委的得

[①] 郑备:《高举习近平新时代中国特色社会主义思想伟大旗帜 团结引领全省妇女为推动治蜀兴川再上新台阶而不懈奋斗——在四川省妇女第十三次代表大会上的报告》,2018年9月25日,内部资料。

力助手,提升服务大局能力建设。

第二,横向广度进一步拓展。在改革布局上,妇联组织的改革不只是一次机构改革,而且是妇联组织的整体性改革,妇联组织的改革也不是单兵突进,而是各领域深化改革协调推进。妇联改革还需要继续从顶层设计上,制定好相应的制度和政策,加强与政府职能部门合作,服务好妇女群众。针对《四川妇女发展纲要(2011—2020年》和《四川儿童发展纲要(2011—2020年》中就业、医疗、教育、卫生、文化等方面内容的落实,需要政府力量、社会力量和群团组织的合作,打造精准服务的组织网络,搭建平台,整合体制内资源,以及联系各方关系,形成合力,全方位重塑妇联组织形态。四川妇联通过书记班子以及机关工作人员来源与任职方式的调整,以"专、兼、挂"的新结构来打破传统体制区隔,实现妇联改革的第一步,为妇联改革在横向广度进一步拓展打下基础,需要解决新领导班子、新组织结构的磨合适应问题,发挥常委会、执委会与代表大会的非机关工作人员中常委、全委的委员与代表的作用,同时利用互联网技术重塑组织网络,充分调动各领域、各阶层的妇女参与经济、政治、社会生活,联合各方面的力量为妇联各项改革措施落地提供支持。

第三,推进力度进一步加大。2014年四川省妇联在《四川省妇联"五大行动"发展规划》中提出了以素质提升、巾帼建功、幸福家庭、巾帼维权、强基固本"五大行动"统筹五年四川妇女工作的思路和举措。① 五年来，四川妇联"五大行动"取得了阶段性的明显成效，今后需要更好地立足四川妇情实际，统筹考虑、鼓劲加压，不断丰富和完善妇联工作的思路举措，不断推动"五大行动"向纵深推进。从推动的主体来看，不仅要坚持党组织的领导，还要充分发挥妇联主体作用，妇联作为推动具体工作落实的主体，不能有等、要、靠的思想，要以自我革新的精神，主动地推动妇联组织发展，注重改革过程中体制机制创新，根据新的发展变化及时调整行动方案。以"五大行动"为深化改革的抓手，设立"五大行动"推进领导小组，加强组织领导。为了加大改革的推动力，"各级妇联领导要落实基层组织建设联系点制度，逐级强化主体责任，形成主要领导亲自抓、分管领导具体抓、职能部门共同抓，一级抓一级、层层抓落实的工作局面"②。进一步营造上下同心抓改革的良好局面，以更大力度、更实举措推进妇联改革。

三 在巩固与发展之间：提升自我革新力的机制构建

自我革新力的提升既要把当前妇联改革成果落实下

---

① 《四川省妇联"五大行动"发展规划（2013—2018 年）》，2014 年 3 月 14 日，内部资料。
② 《全国妇联关于加强服务型基层妇联组织建设的意见》，四川妇联网，2017 年 6 月 6 日，http://www.scfl.org.cn/website/third/fgtl/1882。

来加以巩固，也要靠自我革新意识在今后持续推进改革发展。时代是不断变化发展的，这就要求妇联不能墨守成规，需要提升自我革新力，顺应时代发展变化。提升自我革新力的实现机制要根据时空的变化，反映新的社会结构的变化，顺应妇联自身发展规划，符合国家治理现代化的要求，只有这样，自我革新的意识才能不断强化，自我革新力才能够推动组织力的提升。妇联提升自我革新力是在巩固完善既有机制基础之上的优化发展，自我革新的机制要基于三个方面的变化来开展。

第一，基于妇联自身改革发展进行新的机制建构。新时代全面深化群团改革意味着，一方面应该将之前所开展的各项工作进一步推进；另一方面必须更好地发挥群团组织自身的作用，全面推进自身组织形态整体的发展。而后者则可以将其与其他的逻辑相配合，从而推动群团组织的整体性不断发展。四川妇联组织自身发展既需要妇联干部和党政领导转变观念，与时俱进，也需要妇联组织发展过程中打破体制壁垒，开发与既有制度功能无关的新领域开展工作，建立相应的机制。另外，还需要对既有的机制，根据妇女需求特点的变化予以创新与调整。根据时代发展要求，围绕党的中心任务，以改革创新精神推进党的建设，并及时把实践经验制度化、规范化，为推进妇联的自我革新提供制度保障。妇联干部要树立历史思维，及时总结改革以来的经验与教训，尤其是要正视改革发展的体制机制问题，吸取教训，为新时代的妇联改革发展提供必要借鉴。

第二，基于新的社会结构变化进行新的机制建构。随着网络社会的深化和智能社会的到来，人民群众的交往方式、生活方式等将进一步发生深刻变化，对社会发展也将产生影响。这些变化，不仅对群团组织的工作内容，而且也对群团组织的运行方式和组织形态提出新的要求和挑战，这不仅要求群团组织必须提前做好准备，而且还应具备适时调整自己的能力。互联网的出现对人们的交往方式和生存形态带来了巨大的冲击，更多地体现社会层面上。这就使妇联组织与社会以及妇女群众之间的关系调整，很大一部分要在网络空间内完成。四川省妇联强调坚持线上、线下"双网融合"，加强网上妇联建设，结合妇女需求开发网上服务产品，有效开展"妇联+互联网"各类服务活动，让妇女能在网上找到自己的组织、参加组织的活动，不断扩大妇联"朋友圈"。比如，网络社会和电商经营形式的出现，为西部女性的发展提供了重要的契机，四川妇联凝聚了留守妇女、贫困妇女、返乡创业妇女、待业女大学生等群体，引导她们建立微信群、QQ群，搭建交流平台，推动女性电商组织建设。

第三，基于国家治理要求的变化进行新的机制建构。"我国发展站到了新的历史起点上，中国特色社会主义进入了新的发展阶段。"这就意味着，中国现代文明内涵将进一步发展，政治、经济、文化、社会和环境等都将产生新的变化。同时，随着"一带一路"倡议的实施以及人类命运共同体构建的推进，中国在全球治理中的作用将日益凸显。这些都将对群团发展提出新的要求，群团组织也需要从更高层面调整和创新组织形态和运行机制。从机理上看，妇联组织，实际上就是国家治理体系各要素之间的联系中的一个重要组织性机制。这就意味着，推动国家治理体系各要素之间形成内在有机化，就必须推动作为联系机制之一的妇联组织深化改革，发挥勾连党、国家和社会之间的功能。在妇联组织自我革新和国家治理现代化之中，寻找一条既能适应我国社会主义发展同时又能满足广大女性群众自身发展需要的新机制。妇联近几年做了一些创新性突破，比如"会改联"的做法就是将基层作为国家治理体系的大格局中一环，依靠多方力量融合，有效打开了基层妇联组织容量，整合资源。

从人类文明发展进程来看，女性在推动人类文明发展过程中起到了重要作用，女性组织参与社会治理能力逐步加强，妇联组织作为围绕妇女发展而联系党、国家和社会之间的桥梁，日益成为国家治理体系中的重要组成部分。随着时代发展，新的要素不断生成，新的问题不断产生，社会环境发生巨变，妇联需要进行自我革新，以承担新的历史使命。在这样的时代背景下，凝聚新的力量、整合新的资源、解决新的问题，就成为妇联组织推进女性发展过程中所面临的重要使命和任务。

第三章　组织力建设的基本思路与实现路径

从目前妇联组织自我革新的保障机制来看，还存在不健全、不完善的问题，需要从以下几个方面进一步落实完善保障机制。一是深入实际开展调查研究，为提升妇联组织的自我革新力提供实践基础。坚持一切从实际出发，强化问题导向，妇联干部必须深入实际、深入基层、深入群众，大力开展调查研究，多层次、全方位、广渠道地调查了解情况，听实话、察实情、获真知，加强与体制内部和外部的妇女群众沟通交流，拓宽与社会联系的渠道，深化妇联组织对当今女性时代特点的认识，革新妇女群众工作观念。二是密切联系妇女群众和女性社会组织，为增强妇联的自我革新能力提供动力源泉。实现妇联组织的自我革新必须尊重群众主体地位，必须建立在密切联系群众的基础之上，这种联系必须有完善的体制机制来保障。三是把坚持党的领导与深化各个领域的改革统筹推进，为增强妇联自我革新能力提供制度保障。妇联组织遵循政治性的要求，在实践中就是要在党的统一领导下，发挥桥梁和纽带作用，围绕党的中心工作，服务大局，服务群众，与时俱进，改革创新，依法依章，独立自主，鼓励引导妇女积极作为、敢于作为。妇联原有的体制机制存在的障碍，比如体制区隔问题，是妇联组织的自我革新躲不开、绕不过的，必须直面问题，四川省妇联要从顶层设计出发，打破原有的体制机制障碍，构建提升自我革新力的新机制，从根本上加以解决，为妇联组织的自我革新提供有力的制度保障。

一个组织通过不断进行自我革新，以适应外部变化。如果妇联组织对社会的适应性下降，价值理念与行为规范过于脱离社会现实，无法迅速适应环境变化、满足社会需求，组织力随之下降，也会削弱其在妇女群众中的作用和影响。妇联组织自我革新力是凭借自主性力量，自觉提升组织适应性，克服外部刺激，从而规避被动性危机的能力。因此，自我革新力提升的关键在于自我革新的自主性和社会变化的适应性之间相互促进与良性互动循环。妇联组织只有不断进行革新，才能跟上形势的发展和时代的变迁，时刻保持旺盛的活力，为西部女性的发展注入新的生机。

第四章　提升妇联组织力以推动女性发展与治蜀兴川的同频共振
——新时代四川妇联发展的议程

妇联组织力的提升需要从政治影响力、社会号召力、权益维护力、组织覆盖力、群众凝聚力和自我革新力六个内涵维度展开。而每个维度的实现都需要通过价值、制度、技术和组织四项机制切入。价值为组织力建设提供了方向，引领开展各项工作内容，并统领各方力量支持妇联工作。制度则为价值的落实提供一种长期的、持续性的规范化保障，保证妇联组织力持续提升和稳定运行。技术则是妇联在新的历史条件下提升组织力的有效手段，由于人们的生存形态和交往方式的转变，权力运行机制和方式也发生新的变化，新技术必须嵌入妇联的制度机制和组织形态。最后，组织形态的重塑有助于妇联组织顺应市场化、网络化和全球化的发展趋势，把握其中的机遇，为在新时代条件下创新妇联工作形态、提升组织力奠定保障性基础。

新时代四川省妇联组织力建设的价值基础，就是确立"妇女全面发展以助力治蜀兴川"的工作理念；其制度基础在于落实群团改革任务，打破制度障碍，创新制度机制；其技术基础则是抓住"互联网+"的契机，将新技术思维和手段嵌入推动妇女全面发展的各项工作中；为了承载机制创新和技术运用，妇联的组织形态同样需要实现相应的创新，从而提高妇联的组织力和领导力，加强其政治性、先进性和群众性，最终实现妇女全面发展与治蜀兴川的同频共振。

第一节　在价值、制度、技术与组织之间：妇联组织力建设的机制与议程

妇联作为党和政府联系、服务妇女群体的群团组织，组织力建设对于妇联充分发挥联系、团结、服务的作用，有效助力国家治理体系与治理能力现代化建设具有重要的意义。对于任何组织来说，组织力的建设都离不开组织内在价值、制度、技术以及组织四项机制的协同配合。同理，妇联组织力的建设则需要通过这四项具体机制从六个内涵维度，即政治影响力、社会号召力、权益维护力、组织覆盖力、群众凝聚力和自我革新力来开展。这四项机制同时也是现实工作中提升"六力"的议程，指导妇联从这四个方面着手推进"六力"的建设。遵循这

第四章 提升妇联组织力以推动女性发展与治蜀兴川的同频共振

四项机制提升组织力，组织就能够紧密团结、高效协同地推进组织发展和创新，更加有力地实现组织的任务和使命。

一 在价值、制度、技术与组织之间：妇联组织力建设的具体机制

对于新时代的妇联工作而言，组织力建设的机制是值得深入探究的现实命题，更是进一步落实群团改革的工作要求和服务新时代妇女发展的应有之义。妇联组织形态的建构需要围绕价值、制度、技术和组织四项机制展开。组织形态是指以组织权力为基础所形成的权力关系，由此形成相应的价值追求、机制运行的制度安排、技术手段的运用，以及以相应的组织结构为基础的组织生活的整体形态。正是通过这四项机制的有机结合，并协同推进各自所包含的具体工作，妇联才能最大化提升上述的政治影响力、社会号召力、权益维护力、组织覆盖力、群众凝聚力和自我革新力，从而将妇女群众和各方力量有效地组织起来。由此，价值、制度、技术与组织就构成了新时代妇联组织力建设的具体机制。

首先，树立正确的价值观念，是提升妇联组织力的首要工作。组织的内部价值，是指在一个组织中，成员普遍认同并确立为行为正当性理由的一系列观念。观念的方向，直接引领开展具体工作的内容和重点。妇联的组织力建设是有明确价值追求的。妇联作为党和政府联

系、服务妇女群众的桥梁和纽带,妇联的工作必须紧紧围绕党和国家的中心任务和发展大局,必须始终为妇女发展、儿童发展和家庭建设服务。因此,妇联的组织价值规定了组织力发展的方向。正是基于这样的价值追求,妇联才能把广大妇女群众组织动员起来,将与妇联工作相关的各方力量聚拢到妇联周围,发挥引领性的作用。因此,价值的建构是具有方向性和引领性功能的,并贯穿在制度、技术和组织之间。在制定具体的制度、运用相关技术、创新组织形态时,都需要围绕价值展开。

其次,建立坚实的制度基础,是有效开展妇联工作的客观保障。制度是稳定的组织内部结构关系,从而规范组织内部关系与外部联系的秩序。制度的确立与完善,能够有效保证组织任务与使命在落实过程中不变形、不走样,保障组织工作的顺利进行和有效落实,并为组织的自我完善创造条件。在妇联组织力建设过程中,价值运行、技术运用和组织创新都需要相应的制度保障。如何将价值追求体现在制度建设中,这是新时代妇联工作发展的重要命题。价值追求为制度建设指明了方向,而价值的落实必须通过工具层面的制度机制。当制度成为价值有效落地的保障时,就实现了工具理性和价值理性的统一。在新时代的背景下,多元社会主体已经生成,尤其是与妇联工作相关的体制外新兴社会力量不断涌现。妇联作为党的群团组织,必须主动联系各方力量,做好

第四章　提升妇联组织力以推动女性发展与治蜀兴川的同频共振

引导与整合工作。因此，打破制度区隔、创新制度机制就成为妇联组织力建设的重要内容。

再次，积极运用新兴技术也是提升妇联组织力的有效手段。信息革命以来，特别是随着网络技术、移动互联网的快速发展，网络社会已经到来。如今，虚拟空间已经成为人们日常生活和交往的新空间，其重要性不亚于现实空间。技术是纯粹工具性的维度，但是技术在新的历史条件下，会导致人们的生存形态和交往方式，以及权力运行机制和相应手段发生结构性和系统性的变化。由此，在价值引领下的制度运行和组织结构都必须根据新的技术进行相应调整，妇联组织也必须利用技术手段在工具维度上提高自己的组织力。技术要成为支持妇联组织力建设的重要手段，就必须有机融入价值、制度和组织机制之中。

最后，重塑组织以适应未来工作需要，是妇联工作的下一步难点和重点。这里的"组织"主要是针对组织结构而言的，即指组织内权力关系稳定后形成的一套确定的权力架构。在新时代的条件下，以往的组织结构需要随着价值、制度和技术维度的新发展而实现相应的重塑。组织结构的重塑将有助于理顺妇联工作中的权力关系和权责关系，为组织力发展奠定保障性基础。

组织形态、组织机制和组织体系的发展变化体现的是权力关系的变化。权力是一个矢量，它由价值所决定，因此，组织结构重塑必须以组织价值为导向。组织价值及其延伸出的该组织的使命与责任，决定了组织内部的资源与权力配置的基本格局，这是组织结构变革的内在机理。组织结构重塑归根结底都是要服务于组织使命的更好实现。另外，组织制度的改革也会导致相应的组织结构的调整，这种调整多是针对已形成共识的改革内容予以组织结构上的确认。最后，新技术的运用也将引发组织结构的变化，这既需要保持与时俱进的创新活力，也需要将新技术的运用与现有组织结构和运行机制有机融合，并始终坚持价值引领，从而实现组织形态创新的有序推进。

总之，价值、制度、技术和组织构成了妇联组织力发展的四个具体机制，四者相互配合，缺一不可，对下一步四川妇联工作具有现实的指导意义。这四项机制各自都需要落实到各项具体工作上，在实践中，既要从普遍的组织理论出发，又要立足于新时代妇联工作的新要求，还要结合四川省妇联工作的实际情况和自身特点。只有通过这四项机制统筹推进妇联的各项工作，避免某项工作的整体缺位，才能实现妇联组织力的整体提升。

二 妇联组织力建设具体机制与内涵维度的关系分析

通过价值、制度、技术与组织四项具体机制，妇联组织力建设还是要落实到六个内涵维度上来，即政治影响力、社会号召力、权益维护力、组织覆盖力、群众凝

第四章 提升妇联组织力以推动女性发展与治蜀兴川的同频共振

聚力和自我革新力。换言之，妇联组织力建设具体落位在"六力"维度上展开，而每个维度则需要将四项机制融贯其中，如此联合内涵维度和具体机制形成两个轴向，构建妇联组织力建设议程的坐标系（见表4-1），以网格化的形式逐步、扎实、全面地推进组织力建设。

表4-1　　　　新时代妇联组织力建设议程

	价值维度	制度维度	技术维度	组织维度
政治影响力	把政治建设放在首位	完善政治影响力相关工作的制度化	利用互联网技术呈现工作内容	发挥平台和资源优势层层推进工作
社会号召力	增强妇女对妇联的认同	加强基层工作的规范化	技术助力妇联拓展号召力	组织体系覆盖多重空间
权益维护力	消极的权益保护理念向新权益思维转变	健全传统维权制度，实现新权益发展的制度化	发挥互联网优势，搭建线上维权渠道	集聚各方资源，推动妇女权益发展
组织覆盖力	用创新思维观念引领组织网络的建构	利用制度巩固创新成效	利用新技术创建新的组织形式和网络	确保价值引领、制度创新和技术应用能有效推进
群众凝聚力	坚持以人民为中心，全心全意为妇女群众服务	完善妇联与妇女群众的联系机制	针对不同妇女群体的技术运用	针对群众特点创新活动内容和组织方式
自我革新力	敢于自我革新，勇于创新争先	用制度来保障改革的落实见效	用技术做优做强网络阵地，参与网络治理	将组织结构视为每一项改革的落脚点

在政治影响力维度上，首先要有明确的价值方向。一方面，要坚定地拥护党的领导，围绕党的中心工作，

将政治建设放在首位,落实到基层。要深入学习习近平新时代中国特色社会主义思想,牢固树立"四个意识",不断增强"四个自信",保证妇联组织的发展始终坚持正确的政治方向。① 另一方面,在新的历史条件下,需要全面关注并统筹妇女群众的全面发展。既要根据妇女发展的实际需求,解决关系妇女群众切身利益的现实问题,也要努力推动妇女在政治、经济、文化和社会等方面的全面发展,从而使妇女在"五位一体"的建设实践中实现自身的全面发展。首先,在价值的指导下,需要将提升妇联政治影响力的各项工作制度化,尤其是要将以往单项推进的工作内容通过制度化的形式确定下来,整合起来,才能长久持续地发挥好政治影响力。其次,还需要将传统的工作方式与现代技术相结合,覆盖传统工作方式达不到的空间,比如通过大数据分析找出妇女群众所关注的重点,采用定制化的方式开展宣传工作,突出妇女的个性化需求,进而夯实妇联在妇女中的群众基础。最后,要利用组织的优势,发挥平台作用聚合党、政府和社会等各方力量和资源,使各层级的妇联组织都能扎实推动妇联的政治影响力建设。

在社会号召力维度上,首先,从价值机制出发,需要妇联组织始终坚持"真理从群众中来,到群众中去的"理念,紧密联系广大妇女群众,以自身的先进性凝

---

① 李小新:《全面提升基层党组织力》,《光明日报》2017年11月27日。

第四章 提升妇联组织力以推动女性发展与治蜀兴川的同频共振

聚妇女群众和各方社会力量对党的路线、方针和政策的认同,团结带领妇女群众投身社会主义现代化经济建设。在价值认同的基础上,社会号召力建设还需要制度将各项工作规范化,进而更好地发挥妇联的组织优势和组织功能,做好组织妇女、宣传妇女、凝聚妇女和服务妇女的工作,最大限度地把妇女组织和动员起来,听党话,跟党走。同时,妇联在进行社会号召力建设时也需要重视整合社会各方力量,引领他们共同促进妇女的全面发展。此外,借助有效的技术手段则可以确保社会号召力的落实见效,比如通过大数据技术和各类智能终端,多渠道地向妇女群众开展精准宣传工作,让群众可实时了解妇联工作动态,扩大妇联在群众中的影响力和认可度,进而提升自身的社会号召力。但仅仅依靠技术的运用并不能全面覆盖妇联工作的方方面面,仍然需要组织的力量将妇联的影响力和号召力渗透到基层。例如,在基础设施尚不发达的地区,仍然需要依靠组织的力量来推动当地妇联工作。同时,妇联的组织体系还可以保障制度的有效运行和技术的应用,并及时依据新的社会条件不断调整工作内容,从而使妇联保持有效的社会号召力。

在权益维护力维度上,首先,从价值的层面来看,需要突破以往仅重视消极权益保护的思维局限,应该立足于新的时代背景,发展新的权益维护观念,"想群众所想,急群众所急",使妇女的权益在政治、经济、社会和文化等各方面得到保护和发展。其次,从制度的层面来看，一方面妇联需要推进维权服务制度化，健全诸如反家暴的多部门联动合作，完善婚姻家庭纠纷预防化解机制，完善集矛盾排查、纠纷调解、法律帮助、关爱帮扶为一体的综合维权服务模式；另一方面则需要将发展妇女新权益的路径制度化。只有通过制度的手段，才能稳步推进妇女新权益的探索，为妇女提供个性化和专业化的权益维护。再次，从技术的层面来看，要善于发挥互联网线上沟通的及时性优势，搭建妇女权益维护的网络服务平台，便利妇女进行权益维护。例如四川省妇联推行"网上妇女儿童维权地图＋网上服务大厅＋维权热线"线上平台作用，依托省市县乡村五级维权服务站点，推动线上咨询与线下服务相结合，更好地保障妇女儿童权益。[1] 权益维护力建设更深层次的影响在于促进妇女权利意识、政治参与意识和自我发展意识的发展成熟，从而激发妇女群众的社会参与积极性，进而推动整个社会文明的进步。最后，从组织的角度来看，妇联需要发挥"联"的优势，与党、政府和社会各方力量展开合作，吸纳并整合优质资源，持续优化妇女维权工作，并使得优质服务资源为更广大妇女群众所共享。

在组织覆盖力维度上，首先要以创新的思维观念作为工作开展的前提。在新时代的背景下，多元社会主体

---

[1] 郑备：《高举习近平新时代中国特色社会主义思想伟大旗帜 团结引领全省妇女为推动治蜀兴川再上新台阶而不懈奋斗——在四川省妇女第十三次代表大会上的报告》，2018年9月25日，内部资料。

第四章 提升妇联组织力以推动女性发展与治蜀兴川的同频共振

已经生成,新行业、新领域不断涌现,这些新兴社会力量也正是妇联组织需要有效覆盖的重点。因此,要将妇联的组织体系和工作体系延伸到这些新兴空间,转变传统组织覆盖的工作思维,根据各地社会发展的实际,以创新的思维观念探索新的组织网络建设方式。从制度机制层面来看,一方面要通过制度来保证创新的可持续性,另一方面要将零散的创新经验进行制度化的整合,形成"创新—成果转化—制度巩固—再创新"这样的良性循环,将各地基层创新尝试的一小步,通过制度保障,变为提升妇联组织覆盖力的一大步。从技术机制来看,随着以互联网技术为基础的各类新技术的发展,人们的生活方式和交往方式正在不断更新迭代。若仍然以传统的方式去建立组织网络,忽视人们交往方式的转变,这样的组织网络显然是缺乏有机性的,这样的组织覆盖很可能演变为"假覆盖、空覆盖"。因此,组织覆盖力建设必须顺应新的技术发展,利用新技术将组织嵌入不断发展的新兴领域,顺应人们的交往习惯构建组织网络,从实质上扩展妇联组织覆盖广度和深度。从组织的角度来看,无论是制度的完善还是技术的应用,都需要通过组织体系来保证落实,妇联组织既要善于设计组织覆盖力建设的创新方法,也要善于将各项创新工作内容执行到位。

在群众凝聚力的维度上,从价值的角度来看,一方面,妇联要始终坚持以人民为中心,与广大妇女群众同呼吸、共命运，着力解决妇女群众在工作和生活方面的急、难、愁问题。另一方面，妇联需要紧密联系妇女群众，尤其是妇联基层组织要紧紧扎根于基层妇女群众之中，防止脱离妇女群众。从制度的角度来看，妇联需要不断健全与妇女的联系机制，建立定期探访和联系的制度，完善妇女来访的接待、记录、回访制度，做到工作留痕、关怀留心，让团结群众的工作制度化、常态化。在技术方面，在坚持原有的通过人际关系和熟人社交的联系方式的同时，针对新社会形态下原子化的、更具自主性的年轻群体，要通过线上互动的联系方式，搭建宣传宣导工作的平台，探索符合妇女群众交往习惯的联系和凝聚方式，并及时了解掌握妇女群众动态。更重要的是，通过搭建线上互动平台，可以实现线上线下融合，从而为现实空间中妇联组织形态重塑奠定基础。在组织方面，要着力加强基层妇联组织建设，为组织群众、凝聚群众提供人力和物力保障，以增进群众凝聚力。

在自我革新力维度上，妇联组织敢于创新，勇于实践，营造工作创新的良好氛围。自我革新是我们党永葆活力的力量源泉，也是妇联等群团组织保持先进性、坚持人民性、加强战斗力的根本途径。在价值层面，妇联干部要始终坚持全心全意为人民服务的精神，坚持敢于争先、勇于创新、求真务实的精神，以此统一思想，并落实于行动。在制度层面，要敢于破除影响创新的制度樊篱，为有益的、可行的改革创新实践提供有利的制度

第四章 提升妇联组织力以推动女性发展与治蜀兴川的同频共振

条件,让制度变革有成效、有增量,确保群团改革和妇联改革的各项工作落实到位。在技术层面,现代网络信息技术为妇联工作的自我革新提供了技术支持,移动互联网的普及、社交网络的蓬勃发展深刻影响着妇联工作的群众基础,倒逼妇联工作必须跟上现实、跟紧时代,利用技术手段实现自我革新。在组织层面,组织结构是每一项自我革新工作的最终落脚点,上述价值、制度和技术机制的改革成果都需要在组织结构上明确固定下来,形成未来一个阶段的固定流程的任务职责。

现实中的妇联工作内容涉及多条线、多方面,有时甚至是庞杂和琐碎的,且彼此交织、相互配合,要比理论分析框架中所体现的内容更为复杂。若要实现以妇联组织力建设为切入点推进今后一个阶段的妇联工作,一方面要根据妇联组织力建设的内涵维度和机制维度对各项工作进行分类划分,明确各自定位,做到条理清晰;另一方面也要站在全局角度,采用整体思维,为妇联组织力建设这一系统工程规划蓝图。本书所提出基于妇联组织力建设的内涵维度和机制维度所形成的分析框架,并以此分析新时代四川妇联工作的重点议程,将对四川妇联组织力建设和各项工作的协同推进具有整体性的指导和借鉴意义。

三 作为妇联组织力建设工作议程的价值、制度、技术与组织

妇联组织力建设的六项内涵维度和四项具体机制构

成了本书分析四川妇联组织力建设重点议程的理论框架。其中，四项具体机制从理论高度提供了妇联组织力建设工作的考察方法和改进抓手，六项内涵维度从现实需要出发厘清了妇联组织力建设工作的功能定位和重点内容。至此，新时代妇联工作，特别是组织力建设工作的总体布局已经形成。然而，组织力建设工作的具体议程及其具体实施方法仍有几个重点问题需要关注。

第一，组织力建设的具体实施问题。按照上文提出的理论分析框架，四项具体机制对应六项内涵维度，每个维度下均需要全面考察价值、制度、技术和组织四个机制层面所涉及的具体工作内容以及需要重点改进的工作，从而形成了妇联组织力建设的具体议程。在落实各项工作时，需要各级妇联组织结合自身实际，逐项落实，并通力合作，相互借鉴，形成一套自检自查、即查即改的改革方案。只有这样，组织力建设的任务才能够切实落地，见出实效。

但是，在落实各项工作过程中，难免会存在不平衡、不充分的现象。这其中固然有客观原因，尤其是越到基层，各地区的实际情况就越复杂，推进工作的难度就越大。上述妇联组织力建设的重点议程对基层妇联组织建设提出了很高的要求，而现实中基层妇联工作也确实面临着诸多挑战。然而，妇联组织力建设的议程是环环相扣、相辅相成的系统工程，一环疏漏不但可能导致相关方面的工作缺位，更可能会引发整体工作进展的不平衡。

第四章　提升妇联组织力以推动女性发展与治蜀兴川的同频共振

例如，如果只重视制度建设而忽略了技术更新或结构重塑，可能会导致妇联工作难以深入基层，工作方法滞后于时代，最终影响妇联工作整体进展。因此，组织力建设的议程应当视为整体看待，全面推进，才能收到最好的效果。

第二，组织力建设中如何将组织变革的成果惠及广大妇女儿童群体的问题。妇联组织力建设是妇联组织内部的自我革新和发展，是由妇联组织面临的环境变化，以及妇联组织自身功能发挥的需要而进行的系统工程。妇联组织力建设的最终目的是更好地发挥妇联的组织功能，增强对妇女儿童群体的覆盖和联系，更好地服务于妇女发展、儿童发展和家庭建设。这就意味着，妇联组织需要主动地与多元社会主体对接交流，但不同群体对妇联工作和妇联改革的感知和认同存在一定的差异性。这就要求妇联干部在推进工作时保持定力，通过持续不断的努力，使得妇联工作和组织力建设的成效由量的积累转变为质的跃升。

上文提出的组织力建设议程中每项具体工作从开始实施到见到成效都存在一个周期，例如，在技术层面，引入"两微一端"的新型联系方法，其群众感知度是最为明显直接的；但是组织内部的结构变革却难以被社会群体感知，很难立竿见影地见到成效，但这又是妇联组织力建设中不可或缺的重要一环。因此，妇联组织既要坚持改革创新精神，坚持整体思维，统筹推进各项工作；

也要根据社会反响及时调整工作内容和方法,根据各地实际确定各项工作的主次和节奏。

最后,组织力建设的议程既要体现全国层面的群团改革和妇联改革的精神,也要与各地区妇联工作的实际相适应;既要服务大局、服务整体;也要服务当地,服务基层妇女群众的现实诉求,根据各地实际探索各自妇联工作的特色,以各自的方式承担妇联的使命。

第二节 确立推动妇女全面发展以助力治蜀兴川的工作理念:新时代四川妇联组织力建设的价值基础

所谓价值,就是人们所认可的,行为正当性的理由。这一理由必须能够成为规范组织制度安排与人们行为选择的内在依据。一定的价值取向以及根据这一取向构成的制度机制是任何组织与个人的行动先导。新时代四川妇联组织力建设的价值基础,就是确立"妇女全面发展以助力治蜀兴川"的工作理念。在新时代四川妇联组织的价值基础中,蕴含着"三个一",即"一点价值追求""一个发展目标"和"一项具体机制"。新时代四川妇联组织的"一点价值追求",就是要推动妇女全面发展;"一个发展目标",就是要助力治蜀兴川;"一项具体机制",就是要实现"新时代四川妇联组织的价值追求"与"作为党的妇女组织的工作理念"二者的有机统一。

第四章 提升妇联组织力以推动女性发展与治蜀兴川的同频共振

一 推动妇女全面发展：作为妇女政治组织的四川妇联的新时代价值追求

改革开放后，中国共产党带领全国人民实现了促进我国经济社会跨越式发展的伟大壮举。我国综合国力显著提升，国际地位进一步提高，人民生活水平得到极大的改善。在此基础上，中国共产党明确将"促进人的全面发展"作为党的价值追求。因此，作为妇女政治组织，妇联必须把推动妇女全面发展作为其自身的价值追求。

妇联组织的组织特性和政治特性决定了妇联组织固有的内在价值追求。《中华全国妇女联合会章程》在总则中明确规定，妇联组织首先是"全国各族各界妇女为争取进一步解放与发展而联合起来的群团组织"，这就要求妇联组织坚定地站在妇女的一边，以维护妇女权益为价值追求。妇联组织同时也是"中国共产党领导下的人民团体，是党和政府联系妇女群众的桥梁和纽带，是国家政权的重要社会支柱"[①]。这就要求妇联组织坚定地站在党和政府的一边，以维护国家利益、党和全体人民的利益为价值追求。妇联组织的价值基础就从这两方面被决定下来。这一价值基础应当贯穿于妇联组织力建设的各项工作中，发挥引领作用；而价值机制建设就是要将这一价值基础体现在各项具体工作中。

党和国家在新时代的发展目标决定了妇联组织现阶

---

① 《中华全国妇女联合会章程》，中华全国妇女联合会官网，2018 年 11 月 2 日，http://www.women.org.cn/col/col35/index.html.

段的价值追求。中国特色社会主义当前已进入新时代,这是我国发展新的历史方位。改革开放之后,我们党对我国社会主义现代化建设做出战略安排,提出"三步走"战略目标。在党的十九大报告中,综合分析国际、国内形势和我国发展条件,我们党又做出了新时代下两个阶段的安排。在新时代的条件下,我国社会的主要矛盾是人民日益增长的美好生活需要和不平衡不充分的发展之间的矛盾;必须坚持以人民为中心,不断促进人的全面发展。

新时代,党进一步从个体层面和社会层面两个维度发展和丰富了自身价值追求的内涵。在个体层面上,我们党进一步发展了"不断促进人的全面发展"的重要命题;在社会层面上,我们党进一步明确了"全体人民共同富裕"的关键目标。这两个维度都体现了社会主义的本质要求。个体的全面发展将形成经济社会发展新的内在推动力,社会共同进步则是个体全面发展的结果。两项目标的实现,最终将促成中华民族伟大复兴的历史使命的达成。"人的全面发展"命题,既是目的,也是重要的推动力。这是因为,人在实现全面发展之后,将能够在各个维度推动社会的全面进步。一方面,从需求的角度出发,人的全面发展会带来新的、更高层次的需求,这就是之所以产生"人民日益增长的美好生活需要和不平衡不充分的发展之间的矛盾"背后的机理。另一方面,从供给的角度出发,随

第四章　提升妇联组织力以推动女性发展与治蜀兴川的同频共振

着人的发展需求的变化，满足人们各方面需求的供给也要随之不断进行调整。人的全面发展、人民素质的大大提升，为整个社会的进步与发展带来了新的内在驱动力。社会的发展不仅是物质与经济的发展，而且是经济、政治、文化、社会和生态文明等各个方面的协同发展。人的全面发展与人的素质的提升，既能助力"五位一体"建设的协同推进，也能成为推动社会全面进步、实现共同富裕的重要动力源。

新时代需要人的全面发展。落实到妇女层面，就成了如何促进妇女全面发展的问题，这同时也是新时代妇女解放、妇女发展和妇联组织建设的主体命题。中国妇女十二大报告中指出，当前"我国超过70%的妇女参与经济社会建设，活跃在城市乡村，坚守在平凡岗位，被誉为'白衣天使'的医务工作者中女性达63%，教书育人岗位上女性超过55%，科技领域中的女性为39%，女企业家占企业家总数的30%，越来越多的妇女投身新产业新业态，以不懈的奋斗展现巾帼不让须眉的风采"[①]。《四川妇女精准化服务大数据基础研究报告》中指出，我国社会进入新时代，"人民需要的层次大大提升，美好生活不仅包括吃饱穿暖，更是要求生活质量的进一步提高，期待有更好的教育、更稳定的工作、更满意的收入、

---

① 黄晓薇：《高举习近平新时代中国特色社会主义思想伟大旗帜　团结动员各族各界妇女为决胜全面建成小康社会　实现中华民族伟大复兴的中国梦而不懈奋斗——在中国妇女第十二次全国代表大会上的报告》，2018年10月30日，内部资料。

更可靠的社会保障、更高水平的医疗卫生服务、更舒适的居住条件、更优美的环境、更丰富的精神文化生活，人民的需求呈现出多样化、个性化、多变性、多层次的新趋势"①。因此，在新的历史条件下，妇女的全面发展除了更多地参与经济社会建设外，还应当包含其他更加多维立体的面向。

马克思在《1844年经济学哲学手稿》《共产党宣言》和《资本论》等经典文献中多次阐述过有关"人的全面发展"的观点。马克思认为，人的真正的全面发展包含人的劳动活动的全面发展、人的能力的全面发展、人的社会关系的全面发展、人的自由个性的全面发展、人的需要的全面发展以及人类整体的全面发展等面向。党的十九大报告中提出的，要"把人民对美好生活的向往作为奋斗目标"，要"不断促进人的全面发展"等命题，都是对马克思主义经典论述的继承和进一步发展。因此，新时代妇联组织力建设同样需要"促进人的全面发展"出发，明确其价值内涵，并以此作为重要的价值追求，进一步努力促进妇女在劳动、活动能力、社会关系、自由个性、生活需要等各个面向上的全面发展。

党的十九大报告指出，"中国特色社会主义进入新时代，我国社会主要矛盾已经转化为人民日益增长的美好

---

① 《四川妇女精准化服务大数据基础研究报告》，2019年1月，内部资料。

第四章　提升妇联组织力以推动女性发展与治蜀兴川的同频共振

生活需要和不平衡不充分的发展之间的矛盾"①。四川省的现实状况，体现出的正是区域发展的不平衡与省内妇女发展的不平衡的"双重不平衡"特性。一方面，四川省作为我国西部省份，与东部沿海发达地区在经济社会发展的各方面都还存在一定差距；另一方面，四川省的全面发展问题，必须结合四川省女性发展的实践来解决。这是因为，四川省妇女发展内部结构性特征不平衡的问题较为突出。在某些贫困山区，部分妇女还面临着脱贫难的问题，而在成都这样的大城市，妇女发展的总体情况已经走在了中国乃至世界的前沿。这一情况在四川少数民族地区尤为突出。例如，阿坝州、甘孜州、凉山州三大民族地区 2017 年的年人均 GDP 分别为 31581 元、22152 元、30710 元人民币，远低于四川省 44651 元人民币的人均 GDP 水平。② 四川妇女发展除了区域性的不平衡外，还有若干其他方面的不平衡，例如行业性的不平衡、个体性的不平衡等。区域发展的不平衡与四川省妇女发展的不平衡是未来四川妇联组织进一步发展所要解决的核心矛盾。

要将四川妇女发展的"双重不平衡性"转换为四川妇联组织进一步发展的内在动力，就必须将妇女的全面

---

① 习近平：《决胜全面建成小康社会　夺取新时代中国特色社会主义伟大胜利——在中国共产党第十九次全国代表大会上的报告》，人民出版社 2017 年版，第 11 页。

② 《四川妇女精准化服务大数据基础研究报告》，2019 年 1 月，内部资料。

发展作为新时代四川妇联的价值方向，将四川妇女自身的前途命运同国家和民族的前途命运紧紧联系在一起，把解决四川妇女发展不平衡问题与解决四川省各地区之间发展不平衡问题紧密结合在一起。可见，在新时代促进妇女全面发展，已经成为贯穿推动四川妇联组织工作的价值追求和紧迫任务。这不仅是妇女自身发展的需要，也是促进四川省经济社会进一步发展的需要，同时，还是把我国建设成为一个富强、民主、文明、和谐、美丽的社会主义现代化强国，实现中华民族伟大复兴的需要。

党的十九大报告指出，深入推进党的建设新的伟大工程，要"不断增强党的政治领导力、思想引领力、群众组织力、社会号召力，确保我们党永葆旺盛生命力和强大战斗力"[1]。作为中国共产党领导下的重要群团组织，党和政府联系妇女群众的桥梁和纽带，妇女的全面发展应当成为四川妇联组织贯穿在"六力"之中的重要价值追求。从党的组织建设与群团组织建设出发，推动妇女的全面发展这一命题可以作为一项有力的价值号召，使四川妇女群体明确自己在新时代的奋斗目标。推动妇女的全面发展也可以作为一项制度要求，在妇联组织建设的过程中衍生出对新技术的需要。由此可见，推动妇女的全面发展这一价值追求势必将为四川妇联组织力建

---

[1] 习近平：《决胜全面建成小康社会 夺取新时代中国特色社会主义伟大胜利——在中国共产党第十九次全国代表大会上的报告》，人民出版社2017年版，第16页。

设奠定坚实的价值基础。

二 推动妇女全面发展以助力治蜀兴川：作为党的妇女组织的四川妇联的新时代工作理念

1949年以来，妇联组织在将广大妇女的根本利益与党和国家的根本利益统一起来，使妇女自身发展与国家和社会的发展统一起来等方面积累了大量的经验，形成了许多行之有效的机制。改革开放后，特别是2000年以后，随着市场经济的进一步发展和网络社会的生成，不论是妇女的生存形态、妇联组织发展的具体内容，以及四川省区域发展所提出的新的要求，还是国家和社会在为妇女全面发展服务等方面的具体力量、资源、方式和机制，都发生了很大的变化。历史的经验表明，妇女全面发展与社会整体的进步存在内在关联，因此在新时代的历史条件下，四川妇联组织作为党的妇女组织，就需要明确"推动妇女全面发展以助力治蜀兴川"的新时代工作理念。

毛泽东同志曾经说过："妇女能顶半边天。"因此，促进人的全面发展，要充分发挥和调动妇女的积极性。人的本质是各种社会关系的总和，这就意味着，每个人都需要在社会关系中、在与其他社会成员或组织化力量的互动中才能实现自身发展，也正是每个人的自身发展和彼此互动才能使集体和社会更加进步。从妇女的角度出发，妇女群体要实现进一步发展，需要国家和社会力量的支持，需要国家相关法律、政策的保驾护航，更离不开妇联组织。同时，广大妇女群众在国家和社会发展中又获得了实现自身发展的有利条件，如妇女群众的教育水平、经济地位等的提升，这又反过来促进了国家与社会发展。再比如，妇女发展与文明素养、家庭建设等社会生活层面的内容也有着密切联系。国家和社会的发展提高了妇女在家庭中的地位，妇女地位的提升又为促进家庭和睦、社会和谐奠定了坚实的基础。

  妇联是党和政府联系妇女群众的群团组织，促进妇女的全面发展要充分发挥和调动妇联的组织力量。因此，依托妇联组织的组织优势，充分发挥其桥梁和纽带作用以推动各方力量服务妇女发展，尽可能地团结妇女、服务国家和社会，就成了妇联组织实现其组织功能的主要方式，这同时也是推进妇联组织夯实群众基础的重要工作。同时，社会对良好家风和民情的需要，是促进妇女全面发展的内在激励。习近平总书记在同全国妇联新一届领导班子成员集体谈话时强调："做好家庭工作，发挥妇女在社会生活和家庭生活中的独特作用，是妇联组织服务大局、服务妇女的重要着力点。要注重家庭、注重家教、注重家风，认真研究家庭领域出现的新情况新问题，把推进家庭工作作为一项长期任务抓实抓好。"[①] 此外，在妇女发展和家庭建设的基础上，妇联还需要注意发挥在各行各业中的一般

---

① 《习近平同全国妇联新一届领导班子集体谈话》，央广网，2013年10月31日，http://china.cnr.cn/gdgg/201310/t20131031_513999257.shtml。

第四章 提升妇联组织力以推动女性发展与治蜀兴川的同频共振

性作用,即在促进经济社会发展的各领域发挥一般性作用,在推动家风民风建设领域充分发挥女性的特有作用。

落实到四川省的实践,四川省妇联组织需要结合本省自身的结构性特点来充分理解妇女发展与区域发展之间的关系。需要指出的是,四川作为我国西南地区人口大省,其区域发展的问题从国家发展的宏观维度来看,既有发展不平衡、不充分的一面,也有蕴含着巨大潜力的一面。正是由于这一原因,四川省女性发展的不平衡性与四川在全国范围内区域发展的不平衡性是相关联的。因此,推动四川省妇女的全面发展将助力四川省的全面发展。要充分发挥妇女群众的积极性、主动性、创造性,形成地区发展新的动力源。四川妇女的全面发展要与四川省经济、政治、社会、文化、社会生态等各方面发展实现同频共振,就要求将这一价值理念贯彻到制度、技术和组织机制以及其中的各项具体工作中。

四川省妇联第十三次代表大会报告指出,四川妇联组织未来五年工作的总体要求包括实施"巾帼心向党、巾帼建新功、巾帼维权服务""三大提升行动"。四川妇联组织在未来五年,将在创新创业领域、乡村振兴领域、基层治理领域、培育与践行符合社会主义核心价值观的家庭家教家风等方面建立新功,发挥自身的先进性。

围绕创业创新,引领广大妇女在高质量发展中建新功,就是要在提升四川经济社会创新活力与提升妇女专业技能、素质和创新创业能力之间形成同频共振。创新型社会主体必然包含女性。一方面，在培养妇女创新创业能力的过程中，能够极大地促进女性整体素质的全面提升，有利于妇女的全面发展；另一方面，妇女的全面发展，妇女群体创新创业能力的进步，又为四川经济社会的发展注入了活力。

围绕乡村振兴，引领广大妇女在决胜全面小康中建新功，就是要在四川农村振兴与四川妇女生活水平的提升之间形成同频共振。当前，农村面临"农村空心化"难题，贫困地区的脱贫攻坚战已经进入关键时期。因此，要发挥妇联组织的先进性，通过促进妇女的全面发展以助力农业农村发展，按照产业兴旺、生态宜居、乡风文明、治理有效、生活富裕的总要求，加快推进农业农村现代化。在促进四川农村妇女全面发展，提升她们的经济水平、社会地位的过程中，基层农村的政治、经济、社会风气等方面都将因此受益。

围绕基层治理，引领广大妇女在构建法治良序中建新功，就是要在四川社会基层打造共建、共享、共治的多维立体治理格局与四川妇女积极参与志愿自治管理之间形成同频共振。长期以来，妇联组织和广大妇女群体都是我国社会基层治理的主要参与者与生力军，四川妇联在地方治理中同样做出了突出贡献。进入新时代，随着我国市场经济的进一步发展与网络社会的生成，我国基层社会将面临越来越复杂的治理难题。鼓励妇女踊跃参与基层社会治理，积极加入基层社会志愿服务工作，

第四章　提升妇联组织力以推动女性发展与治蜀兴川的同频共振

能够发挥妇女在沟通、交流、协调方面的优势，同时在实践中培养她们对基层社区的热爱。与此同时，妇女的全面发展将鼓励更多妇女投入相关工作，能够使妇女的主体性在这一过程中实现进一步发展，从而促进基层社会善治的实现。

围绕家庭家教家风，引领广大妇女在培育和践行社会主义核心价值观中建新功，就是在四川培育和践行社会主义核心价值观与四川妇女推动建立美好和睦的家庭道德新风尚之间形成同频共振。妇女能否从家庭内部培育和发展社会主义核心价值观，关系到良好道德和品行能否深入人心。因此，社会主义核心价值观的形成与完善，能够促进全体妇女的全面发展；妇女的全面发展，反过来又推动了社会在价值层面的进步。

上述几个方面都意味着，四川省妇联组织要提高自身的组织力和领导力，从而提升其政治性和群众性，最终有效实现妇女全面发展和四川区域发展的同频共振。四川妇联自身组织力和领导力的建设与提升，必须依靠妇女全面发展的价值基础作为精神和观念层面的支撑。可以说，坚持妇女全面发展的价值基础，是保证妇联组织政治性、先进性和群众性的重要基础，同时也是推动妇联组织的组织力、领导力建设和形态创新的内在根据。由此，"推动妇女全面发展以助力治蜀兴川"的工作理念，不仅成为四川妇联组织发展的重要价值依据，而且也将成为四川妇联的组织力建设的内在根据。

三 新时代价值基础与四川妇联组织力建设：具体机制

推动妇女全面发展作为一项价值追求，在与促进四川发展助力"治蜀兴川"相结合的过程中呈现出一系列具体内涵。这些重要价值内涵将作为价值基础对四川妇联组织在未来几年中的组织力建设产生重要影响。其中最重要的，就是在新时代条件下实现"四川妇联组织作为妇女的政治组织的价值追求"与"作为党的妇女组织的工作理念"二者之间的有机统一。

党的十九大报告指出，党的建设新的伟大工程要注重不断增强党的政治领导力、思想引领力、群众组织力、社会号召力，确保我们党永葆旺盛生命力和强大战斗力。这"六个力"在四川妇联组织的组织力建设工作中都有所体现，关键在于我们要把基层工作的零散的经验和亮点汇聚起来、提炼出来。"六个力"必须通过"一个统一"和"两个确保"来实现，这就是要使四川妇联组织作为妇女的政治组织与作为党的群团组织相统一，就是必须确保将"推动妇女全面发展"作为一项不可忽视的价值追求，使它能够对"六个力"发挥价值引领作用，必须确保始终以这一价值追求引领新时代四川妇联的发展战略。

新时代妇联组织的价值追求要确保落实党的领导以体现妇联的政治性，要以提升政治影响力为统领，发挥党组织在群团工作中的核心作用和领导作用。从妇女的

第四章　提升妇联组织力以推动女性发展与治蜀兴川的同频共振

角度出发，只有推动妇女全面发展，使妇联组织发挥好桥梁和纽带作用，才能使之具备实现政治性的基础。妇联组织要积极开展与党委、政府、人大和政协各系统的对接和互动，整合体制内的各类资源，实现妇联功能的自我开发。通过盘活体制内的资源、机制和政策，妇联组织在对外工作、服务妇女发展时才具有比较优势。从政党的维度出发，妇联除了要发挥体制内的桥梁作用以外，还要通过推动妇女全面发展，搭建起体制外的桥梁。《中共中央关于加强和改进党的群团工作的意见》中指出，这次群团改革本质上是一次"党建带群建"的创新发展。① 政治性的本质是维护政权，是为了推动国家的各项公共事务的有效处理和落实。只有建立起深入基层妇女的有效互动机制，基层妇女意见表达渠道才可以更畅通，各项政策才能更为有效地落实，才能通过组织体系动员基层妇女的积极性并动员其广泛参与社会治理。

新时代妇联组织的价值追求要强化团结带领妇女群众以体现妇联的先进性，就需要以提升社会号召力为抓手，通过推动妇女的全面发展，引领整个女性群体和全社会践行社会主义核心价值观，通过弘扬正能量促进社会的团结与和谐。从妇女的维度出发，推动妇女全面发展，将会打造一个人格更独立、行动更具自主性的妇女

---

① 《中共中央关于加强和改进党的群团工作的意见》，新华网，2015年7月9日，http：// www.xinhuanet.com/politics/2015 - 07/09/c_ 1115875561_ 3.htm.

群体，这样的女性群体既有益于现代条件下的家庭建设，也有益于现代条件下的社会发展。全面发展的妇女完全不同于传统封建礼法制度下的妇女，而是具有时代特征的、在身心方面具有主体性的妇女。她们之所以在引领家庭乃至全社会践行社会主义核心价值观的实践中能够发挥重要作用，是因为妇女群众由于深刻参与基层治理实践，在自我管理、自我教育和自我服务的过程中，对权利和义务的统一性有了更深刻的理解。这种深刻的理解意味着：妇女在共同体中的主体性不断生成。这种具有女性特有气质的主体性将有利于使共同体成为有关怀、有温度的社群。

从政党的维度出发，妇女的全面发展对基层党组织的党建工作和妇联组织的组织力建设工作从参与者层面提供了有力支持。通过发挥基层党组织和基层妇联组织的平台支撑作用，发挥组织的力量，将广大妇女党员和群众组织起来，使社会主义核心价值观能够更好地在个人、家庭和社会层面被理解和传播。妇女维度和政党维度是有机统一的，两者共同促进思想引领力建设。

新时代妇联组织的价值追求要实现妇联服务妇女功能以体现妇联的群众性，就需要以提升权益维护力入手，提升妇联组织的群众组织力，充分发挥妇女在妇联中的主体作用，加强妇联组织的群众性。从妇女的维度出发，群众组织力建设主要包括以下方面。一是妇联可以支持妇女参与大众创业、万众创新；二是针对以女性员工为

第四章 提升妇联组织力以推动女性发展与治蜀兴川的同频共振

主体的企业，妇联可以帮助企业将中国西部的女性发展打造成企业"走出去"战略中的一张国际名片，提升企业的软实力和文化内涵。从政党的维度出发，通过推动妇女的全面发展，能够针对各个具体领域的差异化的特点，有针对性地开展群众工作。过去，我们往往是通过具体的项目来推动妇女发展的；未来，这种项目制的工作方式要和组织力建设结合起来。组织力建设既要重视妇联组织自身的建设，同时也要整合其他多元的社会力量；既可以由妇联主导来建构组织网络，也可以由妇联和其他社会组织合作来搭建合作平台。妇联组织要满足妇女群众各方面的需求，必须先把包括她们的经济利益在内的广义的利益整合进妇联的组织网络，才能形成妇女对妇联组织的认同。因此，群众组织力工作的目标是要让最大多数的妇女群众能够在妇联组织中找到自己的位置。

新时代妇联组织的价值追求要创新组织建设，奠定妇联组织和工作全覆盖的组织基础，就需要以提升组织覆盖力为前提，进一步发挥妇联组织的先进性。唯有具备先进性，才能在最大程度上发挥妇联组织的社会号召力。从妇女的维度出发，推动妇女全面发展有利于创新妇联组织的工作方式。例如，一些妇联组织的项目是通过向社会购买服务的方式来完成的，而四川妇联的做法是通过竞赛评比的方式，使先进的社会力量和优质的社会资源能够凸显出来，从而使妇联始终能够与最先进的社会力量合作。通过推动妇女全面发展，转变工作方式，将先进的社会力量聚集在妇联周围时，妇联组织的事业就具有了先进性。从政党的维度出发，通过推动妇女全面发展，能够搭建起更加完备的组织平台。互联网企业平台的优势就在于，让更多的、单个的企业和社会组织进入平台，参与平台内的竞争。在具体工作中，通过区域化妇联组织的建设，来帮助基层妇联发挥"联"的作用，应该成为下一步基层妇联工作的一项重要命题。

总的来看，新时代妇联组织的价值追求在与"六个力"相结合的过程中，推动了妇联组织力建设，形成了一系列行之有效的做法和经验。过去几年，四川省妇联组织在工作中已经涌现出大量正面典型和亮点；进入新时代，四川妇联组织如果能协调好价值、制度、技术与组织间的关系，并以推动妇女全面发展为价值基础，牢牢把握妇联组织作为"妇女的政治组织"和"党的群团组织"的双重属性，把妇联组织的组织力建设同党组织的建设联系在一起，把四川妇女的全面发展与四川区域的发展联系在一起，砥砺奋进，锐意进取，就一定能在实现中华民族伟大复兴的道路上再建新功。

第三节　落实群团改革任务以重构妇联组织运行机制：新时代四川妇联组织力建设的制度基础

妇联组织是我国国家治理体系的重要组成部分，在

第四章　提升妇联组织力以推动女性发展与治蜀兴川的同频共振

要素层面上作为党的群团组织，属于中国共产党组织体系的外延部分。在机理上，妇联是国家治理体系各要素之间的重要枢纽型组织，因此妇联承担了勾连政党、国家和社会的功能。① 随着中国特色社会主义新时代的到来，国家治理体系现代化和治理能力现代化的要求使得妇联必须增强"三性"、克服"四化"。要实现妇联组织在空间结构上的调整，形成组织内部与外部关系的规范运作，必须建立相应的制度，打破体制区隔、开发制度功能与创新机制内容，并以"巾帼+"为载体助力社会发展，密切联系群众。此外，妇联应树立"从0到1"至"从1到N"的"后群团改革思维"，建立从"供销"逻辑到"营销"逻辑的运转机制，从六个方面提升妇联组织力建设以推动女性发展与治蜀兴川的同频共振。

一　群团改革、密切联系群众制度基础构建与组织力提升：妇联改革的任务

党的十九大报告重申和强调了党的群团改革的目标原则，围绕增强"政治性、先进性、群众性"，直面突出问题，采取有力措施，敢于攻坚克难，注重夯实群团工作基层基础，妇联改革的任务是通过密切联系妇女群众，发挥好桥梁和纽带作用，全面增强群众工作本领，进而

---

① 郑长忠：《构建面向未来的妇联组织——国家治理现代化与妇联组织发展研究》，《妇女研究论丛》2018年第1期。

提升妇联组织的组织力。

实现妇联改革首先需要增强群团改革在制度维度的举措,这也是克服"四化"和提升组织力建设的需要。从历史传统角度看,中国共产党正是利用群团组织将党的组织网络延伸到最基层的社会之中,借助群团组织来动员广大人民群众。然而,目前群团工作面临"机关化、行政化、贵族化和娱乐化"的倾向。机关化主要是指工作上因循守旧、按部就班,更多地倾向于在机关传达上级文件精神和工作要求,制约了为群众服务的能力和实效。行政化主要指将群团组织等同于党政机关,用行政化的思维来处理群团工作。贵族化是指开展工作时务虚不务实,甚至出现脱离群众的倾向。娱乐化则体现在群团工作的开展途径和内容以娱乐性为主,忽视了群团组织的政治性。"四化"现象在国家治理体系发展过程中的出现固然有其客观原因,却带来了群团组织脱离群众以及工作有效性下降等问题。这又进一步弱化了群团组织在整体上开展群众工作的能力,制约了群团组织在社会整合体系中发挥应有作用。①

为了改善这一情况,2015年中共中央下发《关于党的群团工作的意见》,首次召开了中央群团工作会议,明确提出要加大对群团工作的领导和支持力度,且群团工作必须要坚持政治性、先进性和群众性。妇联作为党和

---

① 李威利:《转型期国家治理视域下党的群团工作发展研究》,《中国青年社会科学》2016年第1期。

第四章 提升妇联组织力以推动女性发展与治蜀兴川的同频共振

政府联系妇女群众的桥梁和纽带，在改革中需要理顺不同组织目标之间的关系，实现从组织结构调整向运作机制调整的深化，同时兼顾内向式的立足妇联与外向式的纵横联合。① 只有实现好国家与社会间桥梁和纽带的责任，才能在发挥自身功能的同时，助力实现国家治理现代化。

社会科学的"结构—功能"理论认为，任何组织结构的存在都是为了实现某一种功能，或者说，功能的实现必须依托一定的组织载体。然而恰恰是在组织结构形成的时候，其对应的功能也会相对固化，这也就意味着，组织在发展完善过程中适应环境的自主性是相对的，因此组织结构形态的发展与适应环境之间便存在张力与矛盾，从而使功能受到影响。在国家治理体系中，作为党和妇女群众之间联系纽带的妇联，若其政治功能、治理功能和服务功能不能充分发挥，将影响国家治理体系的有效运行。为了使群团组织能够有机融入国家治理体系现代化的发展，便要求群团组织实现全面深化改革，推动自身组织形态发展。② 同样的，妇联组织作为群团组织，也要实现自我改革来推动组织发展。

此次群团改革围绕"四化"展开，其具备两大特点：一是有强烈的问题导向；二是有强烈的目标诉求。前者

---

① 陈伟杰：《治理现代化与新时代妇联组织改革》，《妇女研究论丛》2018年第1期。

② 郑长忠：《构建面向未来的妇联组织——国家治理现代化与妇联组织发展研究》，《妇女研究论丛》2018年第1期。

强调的是解决问题，消除"四化"的负面影响；后者强调的是目标方向，也就是通过组织形态创新与重构，推动群团组织适应国家治理体系与治理能力现代化。如果说克服"四化"问题是群团改革的问题导向，其主要任务是克服群团组织脱离群众的现象，那么实现群团组织的"政治性、先进性和群众性"便是群团改革的目标方向。这"三性"实际上明确了群团组织的功能和内涵，妇联的功能也体现于此。

通过群团改革提高组织力，是密切联系群众的制度基础。密切联系群众又是打破体制区隔、开发制度功能和创新机制内容的重要举措。从根本上讲，国家治理体系与治理能力现代化是基于经济社会发展而导致经济结构和社会结构发生巨大变化，从而需要国家治理体系中的各个要素以及这些要素之间的关系都实现相应的调整。妇联组织的改革包含内部结构关系和外部结构关系的调整，既体现在关系空间层面，也体现在现实空间层面。从关系空间层面来看，妇联组织和外部各方力量的关系重塑主要包括妇联与党组织、政府、人大、政协、司法及各类社会组织和民众之间的关系重塑；内部调整主要包括妇联机关与基层组织、团体会员、妇女群众之间的关系重塑。从现实空间角度来看，妇联组织形态的调整包括物理空间内的关系调整和网络空间内的关系调整，前者是指关系空间中的关系调整在现实空间中的具体体现，后者则是指关系空间中的关系调整中网络空间中的具体体现。① 实现妇联改革需要兼顾内部与外部、物理空间和网络空间的多重面向。

中华人民共和国成立早期，在宏观上建立了以国家政权为主导的计划经济体制，在微观上建立了以基层党组织为核心的单位社会体制。改革开放特别是社会主义市场经济建立之后，出现了大量的新经济组织和新社会组织。随着社会转型，妇联组织作为既有体制的一部分需要通过制度创新打破体制区隔，实现组织形态创新和发展。妇联组织必须围绕自身功能的有效实现，推动相应的制度发展，尤其是要在具体机制创新上下功夫。从维度上讲，机制创新既涉及对外联系的机制，也涉及内部组成部分的互动，将传统手段与新型工作方式相结合，实现妇联的组织发展。②

二 落实群团改革任务以重构组织运行机制：构建妇联组织力建设的制度基础

落实妇联改革不只是国家治理体系与治理能力现代化背景下的号召，对于四川妇联而言，更是"后群团改革"和西部崛起与妇女发展的内在需求。在提升妇联政治性、先进性和群众性的指引下，以"巾帼+"为载体，不仅能推动维护妇女自身权益、助力妇女发展，而且能

---

① 郑长忠：《构建面向未来的妇联组织——国家治理现代化与妇联组织发展研究》，《妇女研究论丛》2018年第1期。
② 郑长忠：《构建面向未来的妇联组织——国家治理现代化与妇联组织发展研究》，《妇女研究论丛》2018年第1期。

实现与经济社会发展之间的同频共振。

除了上文中所论述的国家治理体系与治理能力现代化的角度，落实妇联改革以重构组织运行机制，对于四川妇联而言，还可以从"后群团改革"下的妇联发展、西部崛起与妇女发展之间的同步性和同构性来理解。在"后群团改革"的逻辑下，妇联的改革不仅是着眼当下，更是立足未来大方向的发展。妇联发展应整合各方资源和智慧，共同参与女性发展的事业，也就是着力发挥联动的作用，而不是像过去主要解决维护妇女权益的问题。在西部崛起的大背景下，不同地区经济社会发展程度不同带来的妇联工作具体内容和具体方式的差异，如东部省份妇联扶贫的工作内容较少，而女性的精准扶贫则是西部省份的重要工作内容，因此社会发展与妇联发展应具备同步性和同构性。①

构建妇联组织力建设的制度基础需要思考五个问题：一是在制度重塑中，先进性如何贯穿于政治性和群众性之中？二是在制度重塑中，价值与组织如何配合制度机制建设？三是在制度重塑中，如何处理既有制度开发与新制度建立之间的关系？四是在制度重塑中，如何处理好妇联组织与政党、国家、社会之间的制度机制关系？五是在制度重塑中，如何处理妇联内部制度之间的关系？

---

① 郑长忠主编：《锻造西部崛起背景下女性发展的组织基础——四川省妇联工作发展研究报告（2013—2017年）》，中国社会科学出版社2018年版，第1—7页。

第四章 提升妇联组织力以推动女性发展与治蜀兴川的同频共振

制度重塑是推动妇联政治性、先进性与群众性实现的一个重要维度。① 当下的妇联改革是在进行组织形态的重塑，主要措施包括以下几个方面：一是科层再造，即减上补下、干部下基层、党建带妇建等。二是组织吸纳，即吸纳妇女精英、团体会员、其他妇女社会组织和部分市场主体等。三是组织扩张，即新建基层妇联组织、"两新组织"妇建等；四是组织延伸，即组织体系和工作体系从体制内空间向体制外空间延伸、从现实空间向虚拟空间延伸。②

2016年9月，中共中央办公厅印发的《全国妇联改革方案》中提出应从七个方面进行改革。第一，改进全国妇联领导机构人员构成、运行机制和机构设置。第二，改革全国妇联机关干部选拔任用方式和管理制度。第三，创新动员妇女服务大局的载体和方式。第四，提高服务妇女、维护妇女合法权益能力。如拓宽妇女有序民主的参与渠道，推动在城乡社区"妇女之家"普遍建立妇女议事会，组织妇女开展市民公约、乡规民约制定修订等议事协商活动。创新妇联维权工作，及时表明态度、发出声音、采取行动，切实做好依法维护妇女权益工作。第五，做强基层，夯实基础。创新基层组织设置，积极推动在城乡社区普遍建妇联，重点抓好乡镇（街道）妇

---

① 郑长忠：《新时期政党的青年组织的政治性、先进性和群众性研究》，《中国青年社会科学》2015年第6期。

② 陈伟杰：《群团改革和妇联组织的体系性：一个重要的"结构—机制"议题》，《妇女研究论丛》2018年第6期。

联组织建设,推动在新领域新阶层新群体中形式多样地建立妇女组织,如培育扶持专业类、公益类、服务类女性社会组织,指导城乡社区妇联组织向妇女生活最小单元扎根,探索基层妇联与其他基层群团组织资源整合、协同发力的服务模式。第六,打造"网上妇女之家"。第七,切实加强党的领导。如落实党建带妇建制度,推动把妇建工作纳入党委党建工作总体格局,同部署、同落实、同督导。

四川省在推进妇联改革之时,主要从三个方面提升妇联的组织力、凝聚力和战斗力。

首先,规范基层妇联的制度建设,全面保障并激发组织力。如全面落实代表常任制度、常委执委会工作制度、执委界别工作制度、执委工作制度和执委联系妇女制度等,进一步完善并展示基层妇联的常规制度,促进日常工作高效开展。此外,四川省妇联还注重加强基层妇联阵地建设和保障机制建设,将基层妇联服务功能整合集成到城乡妇女之家、儿童之家,并为基层妇联组织提供足够的经费保障,为基层妇女儿童和家庭提供多样化服务。

其次,四川省妇联通过扩大组织覆盖来全面提升妇联的凝聚力。具体而言,四川省在坚持传统领域、新兴领域"双向发力",在巩固提升村(社区)"会改联"、乡镇妇联组织区域化建设成果的基础上,进一步延伸妇联工作手臂。在横向组织范围上,向楼宇商圈、社区市场、社会组织、园区工地等空间延伸,创新组织设置形式和组织形态,变"服务对象"为"工作力量",最大限度将四川省各行各业女性凝聚在妇联组织周围。在纵向的工作方式上,也积极扩大组织的覆盖面,采用"线上+线下"的双网融合模式,除了线下建设,也应加强网上妇联建设,根据妇女需求,开展"妇联+互联网"的各类服务活动,最终形成"上面千条线、下面一张网、身边一个家"的妇联组织新格局。

最后,四川省妇联不断强化队伍素质,全面提高组织战斗力。在人才建设方面,四川省妇联坚持优化人才结构,吸纳各族各界、各行各业的更多优秀妇女进入各级妇女代表大会和执委会、常委会,探索建立"专挂兼"相结合、优势互补的妇联队伍。根据履职新要求分层分类开展妇联业务培训,并坚持实践创新,健全落实各级妇联干部直接联系妇女群众制度,及时掌握妇女新需求,将基层妇联探索的有益经验总结上升为妇联组织的制度成果和工作成果,提升妇联组织战斗力。[①]

三 落实改革任务与改革永远在路上:新时代妇联组织力建设的应有态度

在落实群团改革中,应树立"从0到1"再"从1

---

① 郑备:《高举习近平新时代中国特色社会主义思想伟大旗帜 团结引领全省妇女为推动治蜀兴川再上新台阶而不懈奋斗——在四川省妇女第十三次代表大会上的报告》,2018年9月25日,内部资料。

到N"的"后群团改革思维",不仅只是从国家治理能力和区域发展视角切入,更应树立"改革永远在路上"的自我革新意识,推进群团组织不断发展。

具体而言,推进群团改革与发展需要把握三个逻辑:一是群团改革自身的发展逻辑;二是中国特色社会主义发展的逻辑;三是人类文明发展的逻辑。群团改革自身的逻辑意味着不仅要将之前所开展的各项工作进一步推进,还要更好地发挥群团组织自身的作用,全面推进自身组织形态发展。随着中国特色社会主义进入新时代,我国的政治、经济、文化等方面都发生了新的变化。伴随着"一带一路"倡议的实施和人类命运共同体的构建,中国在现代社会和全球治理中都应再定位,与之伴随的群团改革也应根据新的时代背景实现改革和创新。从人类文明发展的逻辑来看,网络社会和人工智能的发展改变了人类的交往方式和生活方式,对群团组织的工作方式和组织形态也提出了相应的要求,因此群团组织要有与时俱进和自我调适的能力。①

对于妇联组织而言,妇联组织力建设需要着重聚焦于妇联基层组织上,实现从"供销"到"营销"的转变。这不仅能使妇联的基层组织有机融入妇联的整体组织体系中,而且能够更加密切地联系、服务妇女群众。在提升妇联组织力的具体措施上,则应注重强化政治功

---

① 郑长忠:《坚定改革信心 强化责任担当 将群团改革进行到底》,《中国共青团》2017年第10期。

第四章　提升妇联组织力以推动女性发展与治蜀兴川的同频共振

能、选好带头人、加大教育培训力度建立激励保障机制、完善制度、增强基层党组织的服务能力等方面的建设。

值得注意的是，当我们开始强调群团改革的时候，不仅要着眼当下，更应该立足未来，尤其是下一步工作的着力点。改革的目标不是为了改革本身，而是为了打造一个更好的妇联组织。由于有的地区将群团改革仅仅理解为一次机构改革，便导致一些地方的领导干部在具体推动妇联改革的过程中，仅仅将改革作为一项工作性、量化的任务，对机制发展和组织形态发展漠不关心，只是被动地推动改革具体事项的落实，制约了其主观能动性。

群团的基层组织是群团组织联结其所联系对象的终端网络，基层组织能否有效发挥作用，直接关系群团组织能否发挥好其应有功能。市场经济体制建立后，群团组织无论是在运行方式还是组织形态方面都出现了不适应的问题，尤其是其基层组织和组织网络出现了虚化、弱化甚至边缘化的现象。一是既有的基层组织没有充分发挥其应有功能；二是基层组织对新兴领域和体制外新兴主体的覆盖力不够。这就意味着，群团组织尤其是其基层组织面临着功能弱化与组织弱化的双重困境。① 在群团改革的背景下，应对群团的基层组织功能进行再定位，将群团组织功能实现的重心下沉到基层组织建设上。此

---

① 郑长忠:《以有效支持存在：群团基层组织建设的方向》，《中国党政干部论坛》2016年第7期。

外,要深刻理解市场经济体制和网络社会发展的影响和趋势,探索基层组织的运行方式和工作内容创新。对于四川妇联而言,以基层组织为纽带实现妇联发展与治蜀兴川的同频共振。

在妇联基层组织建设的具体工作中,应从科层化的组织形态转变为生态化、平台性、枢纽型的组织形态。要以妇联组织为平台,整合体制内外与妇联工作相关的各类资源,并以共赢方式实现资源整合,发挥妇联的引领作用。要发挥妇联的组织优势,用整体的组织体系的力量和资源支持基层妇联组织建设,而不是仅仅靠每个基层组织自己的力量。此外,以往的基层妇联组织建设往往是通过行政性力量推动而直接嵌入,组织"供销"逻辑导致组织即便建立其活力也往往不足。因此,要从传统的"供销"逻辑转向"营销"逻辑,应对相应领域的自身发展与内部管理进行分析,将妇联的基层组织的功能与这些需求对接,从而使妇联的基层组织有机融入所在领域和基层单位,再借鉴相应的"营销"手段,实现妇联组织的有效嵌入,推动功能有效与组织力提升并举。①

在妇联组织力建设和组织形态创新的过程中,要把妇联的政治性、先进性和群众性有机结合起来,在制度创新方面,既要创新组织内部的运行机制,也要创新与

---

① 郑长忠:《以有效支持存在:群团基层组织建设的方向》,《中国党政干部论坛》2016年第7期。

外部的互动机制,并在打破体制区隔、开发制度功能和创新机制内容三个方面不断蓄力。在新时代深化党和国家机构改革、推进国家治理体系和治理能力现代化的大背景下,妇联组织应以更大力度实现组织的自我改革,进一步深化妇女代表大会和妇联执委会、常委会改革,优化人员结构,增强广泛性代表性,完善议事决策机制,提高工作科学化水平。基层妇联组织建设也应巩固村和社区妇代会改建妇联、乡镇妇联组织区域化建设等改革成果,完善发挥基层妇联执委作用的长效工作机制,在保障妇女权益、促进妇女发展上更好发挥作用。在干部队伍建设方面,应严把政治关、廉洁关、形象关,注重基层一线工作经历,健全完善考核标准和激励措施,全方位引进和培养优秀妇联干部。在妇联工作方式上,应进一步增强互联网思维,提升网络主题活动、文化产品和服务供给的吸引力和传播力,结合最新技术助力妇女发展,并通过制度化的方式促进线上线下妇联工作的有机融合。

第四节 运用新型技术手段以适应网络社会:新时代四川妇联组织力建设的技术基础

互联网作为一种具有广泛社会影响力的新型技术手段,对人类社会的生产关系产生了深刻影响,改变了人类群体的生存方式。在互联网时代条件下，针对妇女群体的新变化，如何适应时代，提高组织力建设，成为妇联组织必须面对的时代议题。探索运用互联网等新型技术手段解决实际问题，利用互联网思维推动妇联组织力建设，业已成为新时代妇联工作的必然选择。在这个意义上，四川省妇联充分意识到网络社会的特点，并积极利用网络社会的多种技术优势，不断推进自身的组织力建设，在政治影响力、社会号召力、权益维护力、组织覆盖力、群众凝聚力和自我革新力六个方面探索出了一条切实有效的组织力建设路径。另外，在提升妇联组织力建设过程中，妇联组织的传统手段并没有因为互联网手段的增加而被遗弃，而是将二者有机统一，既发挥互联网手段的优势，又继续发展传统提升妇联组织力的工作方法与组织机制。在二者有机统一的基础之上，充分发挥妇女在妇联中的主体作用，四川省妇联得以更加全面地理解与提升组织力建设，进一步充分发挥妇联在新时代的政治性、先进性和群众性。

一　网络社会、妇女生存形态变化与妇联组织发展：组织力建设的技术逻辑

互联网技术的发展所带来的虚拟空间的出现、去中心化的组织形态、快速与大规模链接等变化，对人的生存形态产生了重大影响。互联网时代到来之后，人的生存形态不仅存在于物理空间，而且存在于虚拟空间。物

第四章 提升妇联组织力以推动女性发展与治蜀兴川的同频共振

理空间与虚拟空间相互构建,在社会维度、价值维度与组织维度三个层面对人的生存形态产生了影响。

第一,妇联组织力建设应始终围绕信息社会的形态与变迁而展开。信息网络的影响首先作用于社会关系与社会结构层面。网络不仅改变了人们的生存空间,也改变了人们的交往方式,新的文明因素正在不断生成。《共产党宣言》认为,每一个历史时代的经济生产以及由此必然产生的社会结构,是该时代政治与精神的基础。根据马克思主义原理,生产力基础的转变,必将带来人们交往方式与社会关系的变化。在互联网时代,人们可以利用互联网的新型技术促进商业发展。互联网改变了交易场所、拓展了交易时间、丰富了交易品类、加快了交易速度、减少了中间环节,由此,工业经济时代商业模式中的许多重要元素都在互联网模式下逐渐消亡,商业模式逻辑下的新元素也逐渐形成。我们可以认为,网络化出现从一定意义上预示着一种新的文明形态的到来,在这个过程中,现代社会的一些基本特征与矛盾发生变化,而新型社会关系内容也势必将不断呈现。

第二,妇联组织力建设应适应互联网社会的价值导向。在互联网中,新的话语空间开始形成。虚拟空间构成了新的社会结构形态,成为人类相互依存、发展经济、进行各种社会活动的新场所。无论是个体的社会成员、各类机构组织还是社会团体,都在这里找到自己的发展平台,丰富了社会运行形态。网络的虚拟性为个人提供了一个广阔的数字化平台,它鼓励和支持个人运用自己的想象力、创造力来变想象为现实。虚拟空间的交往方式变革,扩展了个体的社会关系。此外,虚拟空间打破时空的限制,消除交往的障碍。这些特征都为网络时代下新的话语空间的形成提供了技术土壤。

第三,妇联组织力建设必须能够顺应互联网社会的新型组织关系变革。基于组织维度而言,在互联网去中心化的空间下,人们可以基于兴趣、利益等快速实现自我组织化。在网络的虚拟空间中,人们依据自己的兴趣爱好而非依据传统社会中的社会地位、学历层次、生活方式等来界定自己的活动范围。在网络社区、论坛、微博中,人们作为独立的主体进行着一对一、一对多、多对多的网络交流,呈现出一种自由性的交往形态。个体的话语权和发展空间得到更大扩展,社会主体的自由、平等、民主意识得到增强。互联网技术的发展,客观上为社会提供了一个"虚拟的电子网络平台",而新的活动平台与领域的出现,必然吸引着人们去进行各种社会实践活动,置身于其中的个体与社会机构的活动已经在主观上形成了一个"网上社会"。网络虚拟空间的发展不仅仅体现在网络本身,它已经成为一种社会力量,渗透在社会生活的各个层面,同时也是一个社会文化意义上的社会存在物。

因此,在互联网的形态下,人的生存形态发生了变化,妇女的生存形态也相应产生了变化。根据对于四川

第四章 提升妇联组织力以推动女性发展与治蜀兴川的同频共振

省妇女群体信息获取渠道分析调研数据发现，四川省妇女以网络为信息获取渠道的比例达95.06%，略高于使用电视（80.78%）作为信息获取渠道的比例，远高于以广播（20.26%）、书籍报刊（59.74%）、口口相传（44.16%）为信息获取渠道的比例。网络已经成为四川省妇女信息获取的主要渠道。出现上述结果的原因，一是随着中国互联网基础设施建设的优化升级和智能手机的普及，人们接触互联网的门槛大大降低。二是受国家区域经济协调发展的政策影响，截至2018年6月，四川省使用移动终端的网民占全国的6.1%，排全国第五位，移动互联网普及率走在全国前列。三是互联网信息传递的及时性和丰富性高于电视、广播、报刊书籍等传统媒体，互联网上获取信息的准确性和完整性高于口口相传。另外，上网时间的长短对于信息获取渠道的选择影响较小，不上网的群体也几乎不会选择电视、广播、书籍报刊、口口相传等渠道获取信息，反映出此一人群对于信息获取的意愿极弱。说明不管以哪种方式获取信息，绝大多数四川省妇女在日常生活中都至少有一小时的网络接入时间，互联网已经成为四川省妇女生活难以割舍的一部分。

此外，通过调查数据发现，四川省妇女对微信和QQ等即时通讯类软件使用频率最高（分别为90.91%、58.96%），成为四川省妇女信息获取的主要媒介。紧随其后的是淘宝（48.83%）、拼多多（5.19%）等购物软件和微博（47.53%）、网页（38.18%）、知乎（15.58%）等社区平台软件；短视频软件（抖音、快手、微视等）和新闻资讯类软件（今日头条、网易新闻等）使用频率在27%上下波动，仅供日常娱乐或打发时间使用。出现上述结果的主要原因，一是微信、QQ等即时通讯类软件在四川妇女群体中起到了维护和扩大交际圈的作用，满足了四川妇女"与人交流"的日常诉求。二是网络电商的迅速发展使得四川女性可以有更丰富、更便利的购物选择，满足了不同层次的购物需求。反映出四川省妇女群体信息获取的主要目的依次为：与人交流、购物、日常娱乐、专业需要以及能力提升。[①]

在这个意义上，妇联组织力建设必须根据新的生存形态来调整组织力的方式、组织形态与工作内容，从而使得有效组织民众的能力大大提升。在互联网时代，女性的生存形态、交往方式以及可资利用的技术手段均发生了显著变化。面对互联网时代的新形势，妇联组织需要不断适应互联网时代的妇女群体的新特性，利用新型技术手段，创新妇联组织形态和工作运行形式。

二 运用新型技术手段以提升组织力：新时代四川妇联的应对技术手段

《中共中央关于制定国民经济和社会发展第十三个五

---

① 《四川妇女精准化服务大数据基础研究报告》，2019年1月，内部资料。

第四章 提升妇联组织力以推动女性发展与治蜀兴川的同频共振

年规划的建议》中提出：拓展网络经济空间，实施"互联网+"行动计划。互联网时代人们的思维方式从因果思维转向相关思维，这给党的建设和群团组织建设带来了前所未有的机遇与挑战。四川省妇联适应互联网时代的特点，探索运用互联网等新的技术手段解决现实中的实际困难。用互联网思维推动妇联组织建设，提升组织力，对四川省妇女进行有效凝聚与整合，推动当地发展以及女性发展，成为当下四川妇联的新任务与新课题。

首先，"互联网+"是更好地推进妇联组织建设的新契机，提高了妇联的组织建设效能。网络化的信息技术作为现代生产力的重要发展要素，凭借其开放、平等、全球共享、信息量巨大和传播快的优势，已经成为一种革命性力量，政党组织、群团组织、妇联组织的生存和运行环境也发生了巨大变化，网络技术成为加强妇联建设的重要手段。为了让信息"随时可看，随时可读，随时可享"，打破地域、时空界限与壁垒，扩大群众对妇联工作的知情权、参与权、表达权和监督权，妇联组织充分利用微博互动性强、传播快捷，手机微信简便易行、省时高效的特点，搭建起微博、微信"两微"平台，构建起互联互通、广泛覆盖、注重服务的网络党建新体系，并运用云计算、物联网等新技术，助力实现"互联网+"妇联建设新模式。四川妇联建成以"1网+2微+3平台"（1网指四川妇联网，2微指四川幸福女性微信、四川女性微博，"3平台"指妇联通办公云平台、OA办公平台、四川省妇女儿童舆情监测平台）为核心的立体网络体系，直接联系妇女 800 万人，组织建设优势逐步彰显。一方面，为四川省的广大妇女提供了便捷的信息咨询、普法宣传、自我实现的网络平台；另一方面，为妇联工作人员提供了信息化办公条件，有利于提高妇联工作人员的工作效率，拓宽妇联工作人员对川内妇女儿童的信息获取渠道，更好地为四川省妇女提供精准化服务。在互联网信息技术的契机下，四川省妇联通过优化组织结构，探索建立新领域新行业群体妇联组织和加强妇联队伍建设，稳步推进妇联组织建设。

在四川省德阳市旌阳区，为适应服务群体使用习惯的改变，旌阳区妇联借力借势融入新媒体平台，在全区建立"1 端 + 2 微 + 3 号 + 4 网 + N 群"的区、乡镇（街道）、村（社区）三级联动立体网络平台。"1 端"即妇联通 APP 办公云平台。截至目前，区、乡、村三级组织 218 名妇联干部均登录并运用妇联通账号。"2 微"，一是旌阳区妇联官方微博，现有粉丝 600 余人，月发布 40 余条，为正面发声渠道，发布日常信息、发布主导信息、终止谣言、网友互动。二是"旌阳女性微视界"微信公众号，设置"网上妇女儿童之家"版块，为所有妇女儿童提供回"网上之家"的捷径。截至目前共发布 346 期，推送文章 802 篇，积累粉丝逾 30000 人。"3 号"即今日头条、一点资讯、腾讯企鹅号，利用新闻咨询平台对口分发功能，及时性、针对性、官方

第四章 提升妇联组织力以推动女性发展与治蜀兴川的同频共振

性发布妇联相关信息、新闻。"4网"即工作网、功能网、服务网、联系网。通过以上带下、以下带群众的机制,构建相关部门横向发力、各级妇联组织上下联动的微信工作网,形成全覆盖的网络体系。

第一,建立横向功能网。区妇联以统筹引领、示范带动为出发点,建立区一级6个"一呼百应"功能网,分别为"一呼百援""一呼百应""一呼百答""一呼百讲""一呼百帮""一呼百助"功能群。六个功能群针对妇女群众不同诉求,涵盖法律咨询、政策解读、信息交流、巾帼志愿、创业就业、精准扶贫等多方面类别。为确保妇女诉求得到及时准确专业的回复,六个功能群将公检司法、律师事务所、两新组织、骨干讲师等相关人士一一对应吸纳入群,为妇女群众提供更专业、更高效的服务。

第二,建立纵向工作网。以区妇联微信工作群"德慧区"为中心,向下辐射至14个乡镇(街道)、172个村(社区),建立三级妇联微信工作群。各个层级的微信群之间,能够上下呼应,形成上面一根线、下面一张网的工作格局。其中,区级每位妇联干部要直接联系所在地不少于10名普通妇女群众;乡镇级每位妇联干部要直接联系所在乡镇(街道)不少于20名不同群体的普通妇女群众;村级每位妇联干部要直接联系本村(社区)不少于30名不同群体的普通妇女群众。全区各级妇联干部联系妇女群众至少6000名。

第三，建立线下服务网。为推进妇联活动出成效，全区围绕"妇女之家""儿童之家""两新之家"线下平台，在重要节日点开展丰富多彩的活动，每月开展主题活动，并通过网上报名、直播、点赞等方式，进一步扩大妇联工作影响力。形成线上、线下两头发力，实体和虚拟互为促进，共同开展好妇女群众工作。

第四，建立全面联系网。区妇联建立一个线上工作群，直接联系区级机关七大口妇工委、14个乡镇（街道）妇联、172个村（社区）妇联主席，实现妇联工作信息实时共享、高效流转。"N群"即若干微信兴趣群。每个群严格实施群主定员、定责规定，规范每个群的日常管理和维护。各个村（社区）以辖区村（居）民小组为基准，按照"一个妇干一个阵地，一个妇干至少联系100个妇女的原则"，建立联系妇女日常基础微信群。

"网上妇联"工作成效显著。一是实现了政策数据共享。旌阳区"网上妇联"的建设，实现了政策引导、政务公开、公众参与、在线服务的资源共享。二是实现了网上妇联管理操作标准化。制定了网上妇联管理的标准体系，统一了信息的分类及报送要求，并派专人对信息进行收集登记管理，实现了信息资源采集、审核、发布、共享的全流程操作标准化、制度化、规范化，妇联信息公开的规范性和质量逐步提高。三是坚定了基层妇联运用网络开展妇女工作的信心。"网上妇联"实施以来，通

第四章　提升妇联组织力以推动女性发展与治蜀兴川的同频共振

过组织开展讲座、培训等，大大提高了基层妇联干部对"网上妇联"工作的认同度，从根本上改变了广大基层妇联的观念和思维。截至目前，针对全区乡镇（街道）、村（社区）妇联主席已开展了两场面对面培训。四是搭建了更加便捷服务妇女儿童的平台。"网上妇联"搭建以来，改变了妇联工作内部系统循环的问题，逐步将服务触角向外延伸，打通了服务妇女群众的"最后一里路"，促进了妇联工作真正走向群众。新型互联网技术条件下"网上妇联"工作的开展，适应了新的时代条件，提升了妇联组织的力度。

其次，"互联网+"是推进妇联具体工作开展的有效对策。网络化的信息技术作为现代生产力的重要发展要素，凭借其开放、平等、全球共享、信息量巨大和传播快的优势，已经成为一种革命性力量，网络技术成为加强妇联各项具体工作的重要手段。充分运用网络手段，积极探索规律，主动研究互联网的发展特点与规律，掌握网络知识，增强网络素养，牢牢掌握网络时代的话语权、主导权，成为建设"互联网+"妇联建设模式的必然举措。在多样化需求中，四川省妇联组织积极顺应时代趋势，运用互联网技术开展工作。

在促进就业、创业方面，四川省基层妇联利用互联网的手段，打破地域的限制，通过引进外来力量激活本土资源，发挥留守妇女的能力，探索出了具有四川特色的扶贫新路子。这种利用互联网实现资源整合，进而重新定义基层妇联组织的做法，具有互联网时代的代表性与时代性。2014年，四川省妇联编制《四川省妇联"五大行动"发展规划（2013—2018年）》，旨在进一步明确今后五年四川妇女事业的指导思想、基本原则、发展目标和主要任务，推动和促进四川妇女事业的新一轮发展。其中，主要任务包括实施巾帼建功行动、动员妇女参与经济建设、大力促进妇女创业就业、深化推进妇女岗位建功。①

由于电商平台的引入，原本在交通不便的偏远地区的"留守妇女"居家灵活就业，电商平台为她们生产的具有当地特色的手工制品打开了广阔的销售渠道，不少妇女事业越做越大，随之提高的是妇女的经济地位和社会地位。在四川眉山，2013年由骆美霖筹备成立丹棱县葡萄协会，首先建立了示范基地，成立了农户组织——丹棱县美辉葡萄专业合作社。为了让基地起到示范作用，率先建立丹棱首个标准化钢架大棚葡萄种植基地。在此基础上，通过在电商平台上销售葡萄，葡萄专业合作社在四川以外的地域也拓展了市场，提高了销售业绩。在当地妇联组织的关怀下，妇女通过引进品种、设立葡萄质量检测室、利用电商平台拓宽销售渠道、运用互联网时代的思维与技术，使具有地域特色的手工制品拥有广阔的销售渠道，符合现代的市场标准，本土资源

---

① 《四川省妇联"五大行动"发展规划（2013—2018年）》，2014年3月14日，内部资料。

第四章 提升妇联组织力以推动女性发展与治蜀兴川的同频共振

的活力被不断激发,就业岗位增加,妇女地位提升。

从妇联组织层面与具体工作开展层面而言,妇联需要在互联网技术条件下,充分利用新型技术手段,不断推进自身的组织力建设,在政治影响力、社会号召力、权益维护力、组织覆盖力、群众凝聚力和自我革新力等多个方面不断探索。

三 在运用新型技术与发展传统手段之间:需要正确面对的一个问题

互联网的发展,对人类社会的方方面面产生了显著影响。妇联组织要发挥好桥梁和纽带作用,就要在不断适应互联网时代的新特点的基础上,利用互联网的新技术手段,提高自身的组织力建设水平。在提升妇联组织力建设的过程中,传统手段并没有因为互联网手段的增加而被遗弃,而是需要将二者有机统一,既发挥互联网手段的优势,同时激活传统提升妇联组织力手段的运用与开发。只有在二者结合的基础之上,才能更加全面地提升妇联组织力建设。

在克服现实问题的过程中,四川女性们探索出了具有自身特色的经验。如今,妇联的工作是整合各方资源与智慧,共同参与女性发展事业。以提升权益维护力为目标,实现妇联服务妇女功能,体现妇联的群众性,是新时代四川省妇联发展的六大战略之一。在妇女维权方面,四川省妇联为实施"巾帼维权"行动,持续加大源头维权力度,建立省级政策法规性别平等评估咨询机制。同时,推出线上维权,不断提升巾帼维权的品牌效应,创新探索线上维权模式。传统维权与新型方式相结合,线上维权与线下维权相呼应。在线上,四川省妇联打造了"妇联+讲师团+全媒体矩阵+社会"的新媒体普法模式,在全国首创依托百度地图和腾讯地图分别在省妇联官网和官方微信建立覆盖全省的妇女儿童"维权地图",方便群众及时找到最近的维权组织。在省妇联官网建立服务大厅,打造集法律政策咨询、投诉、婚姻关系调适于一体的妇女儿童网上互动平台,逐步实现"网上维权地图+网上服务大厅+维权热线+维权站点"线上线下阵地的有效连接、有机融合。在线下,四川省妇女维权服务队伍逐渐壮大,已建立维权站点三万余个,成立"法律援助队""爱心调解队""巾帼维权服务团"等维权服务团队2.9万个,开展妇女相关法律、禁毒防艾、安全生产等宣传教育活动5万余次,联合有关部门化解婚姻家庭矛盾纠纷50余万件。

妇联组织是在中国革命与现代化发展过程中,在中国共产党的领导之下建立起来的人民团体。妇联组织的建立使妇女作为一种制度化的社会力量与政治力量正式登上中国的历史舞台。从组织性质来看,妇联组织是一个比较明显的政治组织,具有多重特性:一是中国共产党的妇女组织,围绕着妇女问题与社会和国家产生联系。二是国家政权的社会支柱,一方面妇联代表妇女群

第四章　提升妇联组织力以推动女性发展与治蜀兴川的同频共振

众参与国家建设,另一方面妇联也是党与政府联系妇女群众的桥梁与纽带。三是妇女的政治组织,代表妇女群体表达政治诉求。从结构、制度与价值三个维度来看,提升妇联的组织力建设,需要从多重方面、多个维度进行。从结构角度来看,提升妇联的组织力建设,需要通过妇联组织内部结构关系和外部结构关系的调整来实现。妇联组织内部结构需层级合理;在妇联组织与外部组织的关系上,应统筹分明。从空间角度来看,一是涉及妇联组织与其之外的政治和社会力量之间关系的调整;二是妇联组织内部关系的调整。从现实空间角度来看,妇联组织形态的调整需要在物理空间与网络空间两个层面展开。从制度角度讲,妇联组织为提升自身的组织力建设,需要扎实推进相应的制度创新与发展。具体来说,包括打破体制区隔、开发制度功能与创新机制内容,推动妇联组织的制度发展。从价值维度来看,随着社会主义市场经济体制的建立与网络社会的生成,妇女群众的生存形态与交往方式都发生变化,对于妇联组织来说,其价值内容也需要进一步发展和深化,并和妇联组织力建设有机结合起来。

因此,实现妇联的政治性、先进性与群众性,充分发挥妇联的桥梁和纽带作用,充分发挥妇女在妇联中的主体作用,充分发挥"联"的作用,依托于后群团改革与国家治理现代化以及西部崛起的大背景,将四川的经验与亮点不断转化为重塑妇联组织形态的基础。另外,妇联的组织力建设不能离开互联网时代的大背景。妇联要积极探索运用互联网等新的技术手段解决现实中的实际困难，用互联网的思维来推动妇联的组织建设。

第五节 适应市场化、全球化与网络化以创新组织形态：新时代四川妇联组织力建设的组织基础

随着中国新时代改革开放的进一步深化，市场在资源配置过程中起决定性作用的地位得以确立。全球化使中国与世界联系更加紧密，同时也为中国走向更深层次的市场化提供了条件，互联网技术的发展则加速了全球化与市场化进程。正是在市场化、网络化和全球化三者之间相互建构的背景下，对妇联整体组织形态的发展提出了新要求。四川妇联作为整体妇联组织的一部分，也不例外。因此，创新组织形态，以适应市场化、网络化和全球化进程，成为四川妇联在新时代组织力建设方面的重要课题。

一 市场化、网络化和全球化影响的全面加大：新时代需要应对的一个现实

四川妇联要进行组织力提升和组织形态创新，首先就必须理解为什么需要组织形态创新。简言之，四川妇联进行组织力提升和组织形态创新，是基于新时代发展

第四章 提升妇联组织力以推动女性发展与治蜀兴川的同频共振

趋势的必然要求。

新时代以来,建立统一的市场运行体制和市场体系以释放市场活力始终是重要的改革任务。党的十八届三中全会提出发挥市场在资源配置过程中起决定性作用的相关命题,持续推进以市场化为重要特征的全面改革,更大限度地发挥市场在资源配置过程中的作用,成为进一步释放经济要素自由流动性和活力的重要条件。在此过程中,市场主体的多元化、资源流动的自由化和资源配置的分散化,导致了市场中出现了多元化力量。如何有效地管理好这些力量,在保证稳定有序的前提下,最大限度地发挥各自作用,是新时代必须解决好的课题之一。

同时,中国市场化的改革也与全球化紧密相连。全球化是人类社会发展的重要趋势,促进了世界各国人民的交流与合作,同时也带来了一系列全球治理的难题。2018年,世界经济论坛年会主题定为"全球化4.0:打造第四次工业革命时代的全球结构",这一全球瞩目的盛会传递出清晰信号:全球治理正面临严峻挑战和深刻变革,要用积极的价值观引导世界进入新的全球化4.0阶段。为此,我国提出构建人类命运共同体,以此克服当前全球化发展进程中的不足,积极与世界分享发展机遇。

如今,无论是市场化还是全球化的深度发展,都离不开互联网技术的支持,而网络化就是互联网技术发展的必然结果,是走向更深层次市场化与全球化的催化剂。

伴随着第三次科技革命,人类进入互联网信息时代。互联网技术的发展,打破了以往诸多的空间与时间限制,实现了真正意义上的"互联互通"。市场中资源和要素的流动与共享可以通过互联网的技术手段,实现在全球范围内的聚集与配置,而全球贸易的发展又推动着市场化与网络化的完善。在新时代,市场化、网络化和全球化协同推进,相互建构,深刻影响着中国各地区、各领域的进步与发展。这样的发展趋势要求妇联组织通过创新组织形态,提升组织力,以适应时代的发展。

妇联的科层制组织形态形成于中华人民共和国成立初期,为组织动员广大妇女群众投身工农业生产和祖国的各项建设事业,妇联组织采取了最具组织和动员能力的科层制组织形态。在此后很长一段时期内,妇联的传统组织形态不仅能高效地完成各项工作任务,其严密性也确保了决策机制的可靠性和执行力。但是,科层制组织形态在市场化、网络化和全球化的发展趋势中越发表现出不足,难以应对社会主要矛盾的变化带来的妇女群众发展需求的变化,尤其是妇联的基层组织面临着资源不足、资源整合能力不足的困境。

地区间差距和组织内的"倒金字塔"资源结构往往意味着基层妇联组织的能力偏弱,且组织建设水平差异较大。事实上,仅仅利用本地区的各类资源是难以满足妇女群众多样化发展需求的。例如,城市中的优质资源由于地理上的区隔难以被农村的妇联组织和妇女儿童所

第四章 提升妇联组织力以推动女性发展与治蜀兴川的同频共振

共享。在传统组织形态下，一方面，基层妇联组织与组织外的各方社会力量缺乏有效联系，无法将多方社会力量与自身目标结合，实现有效整合；另一方面，妇联内部资源多集中于上层，妇联工作中的各项资源经过层层拆分和配置，基层妇联组织的资源禀赋往往薄弱，而层层贯彻落实的运行方式又制约了时效性，不利于妇联基层组织的工作效率，无法及时回应妇女群众的诉求。可以说，传统的科层制的组织形态制约了妇联组织整合体制内各类资源以及体制内外多元力量的能力。

同时，全球化也给妇联带来了整合来自境内外的各方资源的挑战。就以往的境外资源整合方式来看，真正有迫切需求的基层妇联组织在整合本地区之外乃至境外资源时主要有两大难题：一是缺少平台来寻找基层妇联所需要的资源，二是即便找到了所需资源，也需要层层上报，以明确权限。这就制约了基层妇联组织的资源整合能力，加之基层的资源禀赋本就薄弱，基层工作就更依赖于上级组织的资源调配。因此，如何高效整合境内外资源同样也是妇联新时代面临的挑战。

互联网技术的发展和运用催生了人们新的发展需求，也改变了人与人之间的交往沟通方式。人们的交往方式更多由线下转入线上虚拟空间，人们更倾向于通过互联网平台来表现并满足多样化、分散化的需求。网络化的扁平链接方式，能够帮助基层妇联组织克服资源禀赋薄弱的困境。因此，妇联如何在网络空间中掌握妇女群众的发展需求,通过互联网整合各类资源以满足妇女群众的多样化需求,成为妇联组织在新时代亟须解决的又一问题。

市场化、网络化和全球化的发展趋势导致妇女发展、儿童发展和家庭建设的需求更加多样化、分散化;与此同时,妇联组织在服务妇女儿童发展时仍然是以传统的科层制组织结构作为组织形态的基础,这样的组织方式固然有力保障了妇联各项工作的贯彻落实,但一方面,基层妇联组织难以打破体制区隔,制约了其对境内境外以及线上线下的各类资源的整合,另一方面也制约了体制内外的信息和资源的流通与对接效率。在任何时候,组织结构的存在都以组织功能的有效发挥为前提,妇联组织形态的重塑必须着眼于在新时代条件下如何更好地发挥妇联的应有功能。然而,市场经济体制的确立和网络社会的到来让社会结构以及人们的交往方式发生了巨大变化,妇联组织传统的运行方式和组织形态出现了不适应。要实现妇联组织功能有效性,尤其是基层妇联组织的有效性,就需要系统地重塑妇联的组织形态。

四川省虽为改革开放的后发地区,但市场化、网络化和全球化的发展使四川省得以打破经济开放与发展的物理空间限制,逐渐成为西部崛起的引擎和对外开放纵深发展的前沿。在这当中,四川省自由贸易区正是这一发展现实的集中体现。对于四川省妇联而言,市场化、网络化和全球化的发展趋势对四川省妇联的组织形态创

第四章　提升妇联组织力以推动女性发展与治蜀兴川的同频共振

新提出了新要求，也赋予了新机遇。只有充分利用好上述"三化"的有利条件，将新时代的发展机遇与四川省妇联自身的组织优势结合起来，克服传统组织形态的制约，使组织形态创新适应时代发展的新要求，四川省妇联才可能实现妇联工作的弯道超车式发展。

二　创新组织形态以适应新时代社会发展：锻造妇联组织力提升的组织基础

在中国现代文明建构的过程中，广大妇女随着中国的革命、建设与改革，逐渐摆脱了传统家庭空间的束缚，成为推动国家和社会发展的重要力量。为把妇女群众纳入整体的国家和社会建设中来，妇联组织应运而生。对于妇联来说，每个发展阶段的组织形态始终都是为了推动自身政治功能和社会功能有效实现，是根据当时的社会状况而形成的，也是根据国家治理体系中各要素的变化发展而不断调整的。在新时代的背景下，妇女群众的生活方式和交往方式，以及妇女发展、儿童发展和家庭建设的实际需求已然发生了巨大改变，为持续发挥好妇联组织的功能，就需要推动系统性的组织形态创新。

从机理上看，妇联组织作为党的群团组织，是国家治理体系各要素之间的一个重要组织性机制。随着单位体制的解体和原子化社会的形成，人们的关系空间更加多元且彼此叠加；同时，网络社会的到来又增强了社会自组织化的能力。因此，妇联联系妇女群众也不能仅仅依靠单一的形态,而是既包括组织覆盖也包括对社会力量的整合,还包括对个体群众的弥散性的联系。在此背景下,妇联组织形态必须实现整体上的跃升以保障与妇女群众的紧密联系。

市场化、网络化和全球化的发展趋势使得妇女发展、儿童发展和家庭建设的需求更加多样化、分散化,这就要求妇联组织回应"三化"带来的各种挑战。群团组织要发挥好联系、服务群众的功能,组织体系建设既要注重覆盖的广泛性,也要注重联系的有效性,尤其要顺应市场化、网络化和全球化的发展趋势,根据人民群众生活方式和交往方式的转变而不断进行适应性调整。

在市场化改革不断深入的进程中,体制外社会力量蓬勃发展,蕴藏着大量与妇联工作相关的专业化的社会组织与社会资源。但是,这些社会力量主要集中在发达地区,其分布的地区性差异较大,一些偏远地区的妇女儿童可获得的社会资源相对较少。为解决这些问题,四川省妇联进一步发挥作为党和政府连接市场与社会的作用,既实现与既有社会组织的对接,也着力培育适应本地区妇联工作和妇女发展实际需要的社会力量。为此,妇联创新组织设置,加大在"两新"组织中建立妇女组织的力度,加强与社会组织的协作,构建"妇联+社会组织"的工作协同平台,吸纳更多专业化社会力量一同为妇女儿童服务。比如,江油市

第四章 提升妇联组织力以推动女性发展与治蜀兴川的同频共振

官渡村的"妇儿之家"结合当地的旅游特色,将党政机关、优秀企业的资源与妇女就业创业的需求对接起来,吸引外出务工的居民返乡,构建和谐文明家庭。基层妇联组织通过吸纳市场化资源解决了自身资源禀赋不足的问题,切实解决民众回乡就业,妇女创业的需求,大大提升了妇联组织的社会号召力和群众凝聚力。再比如,自贸区"妇女之家"改变以往"妇女之家"传统运营模式,转变"政府建、政府管、政府包一切"的行政思维,强化"妇女之家"自主运营权,建立"政府指导、企业管理、协会参与"的运营新模式,"妇女之家"交由成都双流综保区众友东方供应链管理有限责任公司(摩尔多瓦国家馆)进行日常管理,以企业化、市场化的手段帮助"妇女之家"健康、可持续发展。

除了体制内外的资源,境外资源是妇联组织进一步扩展其资源范围的突破口。只有将世界范围内的各类专业化资源纳入妇联的整合范围内,才能让妇联实现高水平的国际化。全球化条件下,四川省妇联通过扩大整合范围,建立新型整合机制,加深与世界各国各地区的联系。例如,自贸区"妇女之家"积极发挥凝聚和服务妇女的"娘家人"作用,充分利用自贸区为对外开放高地这一特殊地缘优势,采取"走出去,引进来"的方式,引领、带动广大女性积极参与创新创业。在调研的基础上,在资金政策支持的情况下,依托"妇女之家"等阵地，四川省妇联还试点建立群团社会服务中心，整合资源，构建大群团工作格局。不仅如此，还在全球多个国家和地区逐步建立起"妇女之家"的分支点，进而强化了四川省妇联组织与世界的联系，提升了四川地区的对外开放水平。这些做法都提高了妇联组织的覆盖力，推动四川省妇联走向国际，丰富其资源池。

  针对市场化和全球化挑战进行的组织形态创新，需要依托互联网技术激活。网络化促使妇联的工作需要在全新的网络空间内展开，实现从物理空间向虚拟空间治理载体的转变，使妇联组织与妇女之间、妇联组织与各方力量之间的联系更加紧密。因此，互联网技术的发展，成为四川省妇联组织力提升、开发虚拟空间工作领域的契机。比如，大数据技术能够帮助妇联吸收网络空间中的妇女儿童需求。2019年，四川省妇联携手四川移动通信完成了《四川妇女精准化服务大数据基础研究报告》，通过线上数据全面把握四川省妇女群体基本特征，摸准各妇女群体的主要需求，厘清四川妇联精准化服务的优势与机遇，针对各个妇女群体提出相应的需求解决方案，帮助提升四川妇女精细化服务。互联网不仅能为妇联组织提供庞大的数据基础，有利于妇联提升决策科学化水平，而且能够帮助妇联更加有效地整合各类线上资源。比如，为适应服务群体使用习惯的改变，德阳市旌阳区妇联借力借势融入新媒体平台，在全区建立"1端+2微+3号+4网+N群"的区、乡镇（街道)、村(社区)三级联动立体网络平台,实现了网上妇联管理操作标准化,搭建了更加便捷服务妇女儿童的平台。绵竹市妇联积极搭建妇女创业就业平台,利用工作群、微信公众号、"三下乡"活动等多种途径,宣传各类就业创业政策,引导和鼓励女大学生、女农民工等群体返乡下乡创业,带领农村妇女在推动乡村产业振兴中发挥重要作用,提升了妇联组织的政治影响力。壤塘县妇联组织有一定文化程度的单亲家长或已其成年的子女,充分利用现有资源条件,运用好"互联网+",向外输出寨中的各类农副产品,促进就业脱贫。基层妇联利用互联网的手段,打破地域的限制,通过引进外来力量激活本土资源,发挥留守妇女的能力,探索出了具有四川特色的扶贫新路子。这种利用互联网实现资源整合,进而重新定义基层妇联组织的做法,具有鲜明的时代性。可见,大数据技术和互联网平台不仅能够帮助四川省妇联组织精准定位妇女需求,而且也向妇女们提供了与外界互通资源的平台,提升了妇联组织的社会号召力和群众凝聚力。

三 着眼于组织力提升的继承、创新与完善:妇联组织形态发展的辩证法

组织力提升是妇联组织形态发展的必然要求和应然结果,组织形态创新最终要落实到组织力的提升上。如若不然,组织形态创新仍然难以发挥组织的应有作用。

在市场化、网络化和全球化发展的背景下，四川妇联的组织形态也在进行相应的重塑与创新。市场化进一步拓展了妇联组织发挥政治功能、治理功能与服务功能的平台。适应市场化的需要，在妇联组织周围涌现出了各种社会组织，改变了原来妇联组织仅仅依靠体制内资源的形态，越来越多的社会组织开始对接妇联组织，成为妇联组织发挥作用的重要支持性力量。体制外的社会性资源的发现和挖掘重塑了原有的妇联组织形态，社会组织的自主性日益成熟，运作方式也日益变得灵活多样。全球化进一步提升了妇联组织在开放中寻求组织形态创新的可能性，增强了妇联组织与外界的联系，应对并适应全球化带来的挑战，尤其是妇联组织与国际政府间组织、非政府组织之间的关系变得日益密切，需要在更宽领域、更广空间上寻求发展先机。网络化突破了妇联组织发展的时空限制与区隔，实现了从实体组织到虚拟组织的延伸，线上线下阵地的有效链接、有机融合，为做到"哪里有妇女，哪里就有妇女工作"夯实组织基础，真正实现精准化服务。

正是因为市场化、网络化和全球化对妇联组织形态创新提出了新的要求，四川妇联要以此为基础，着眼于组织力的提升。妇联组织力的提升是在群团改革的背景下，不断扬弃已有的组织形态，但不是对以往组织形态的简单否定，而是自我继承、创新、完善，并实现三者的有机统一。简言之，继承、创新与完善三者统一于妇

第四章 提升妇联组织力以推动女性发展与治蜀兴川的同频共振

联的作用、功能和特性中。妇联的作用、功能与特性不是抽象的，必须依托于特定的时空条件，因此，妇联的作用发挥、功能实现与特性表现在不同的时代需要有不同的组织形态。近年来，四川省妇联找准服务大局、服务妇女的切入点、结合点、着力点，充分在党政所急、妇女所需、妇联所能上彰显特色，扎实推进新时代四川省妇女精准化服务工作创新发展，更加广泛地把全省妇女组织起来、动员起来、团结起来，投身高质量发展，建功治蜀兴川，赋予"妇女能顶半边天"新的时代内涵，在深入推进岗位建功，做好巾帼脱贫、乡村振兴、巾帼健康行动、绿色家庭、家政服务等工作上做出新成绩。

无论妇联组织形态如何变迁，妇联组织的性质、功能与特性都是不变的。无论妇联组织形态如何创新，妇联的桥梁和纽带作用，妇联的政治功能、治理功能、服务功能，以及妇联的政治性、先进性、群众性都是不变的。四川省各级妇联组织始终服务大局、服务妇女，与党和国家事业同步前进，从妇女发展实际出发，通过纵横相织、多向拓展、立体打造等工作手段，构建了"工作网解决体系覆盖问题、联系网解决依靠力量问题、服务网解决活动载体问题"的总体主线，夯实了基层组织，增强了工作力量，延展了服务空间。在过去几年中，四川省妇联大力实施素质提升、巾帼建功、巾帼维权、幸福家庭、强基固本"五大行动"，为巩固党执政的妇女群众基础做出了积极贡献。

新形势下，妇女群众的发展需求开始呈现出多元化、多层次、多种类的发展趋势，从最初注重于家庭生活，转变为对就业、医疗、养老、子女教育、维权、家庭建设等各方面都提出新的诉求，同时对于平等依法行使民主权利、平等参与经济社会发展、平等享有改革发展成果等方面都开始提出新的需求，这就要求妇联工作更加精细化、高效化、多样化，在多领域、多渠道、多层次把握时代脉搏，适应社会发展变化，使妇联工作取得新成效、创造新业绩、展现新风采、引领新风尚、实现新突破。以维权行动为例，四川省各地妇联组织维权服务模式不断创新，在全省范围内打造了"妇联＋讲师团＋全媒体矩阵＋社会"新媒体普法模式，发挥了"网上妇女儿童维权地图＋网上服务大厅＋维权热线"线上平台作用。在地方，绵阳市游仙区妇联打造出"1＋N"维权工作模式（"1个维权中心＋N个维权站点""1个法律专业团队＋N个法律志愿者团队""1个法律宣传队＋N个法律宣传小分队"），广元市推行妇女儿童维权"1123"广元模式，即"一会一庭两中心三站"（婚姻家庭矛盾纠纷调解委员会，未成年人刑事案件合议庭，妇女儿童活动中心、"反家暴"妇女儿童庇护中心，妇女儿童维权工作站、派出所建立"反家暴"案件投诉站、司法所建立妇女维权法律援助站），等等。四川省妇联的探索建立线上线下维权服务阵地，利用"互联网＋"和妇联的组织优势，将维权平台建设进一

第四章 提升妇联组织力以推动女性发展与治蜀兴川的同频共振

步深入到网络、深入到村（社区），成立"法律援助队""爱心调解队""巾帼维权服务团"等维权服务队伍2.9万个，实现全覆盖，切实做到了妇女儿童维权服务在身边，完善集矛盾排查、纠纷调解、法律帮助、关爱帮扶于一体的综合维权服务模式，巾帼维权品牌效应明显提升。

在继承与创新的基础上，四川省妇联着力从体制机制上完善妇联组织的作用发挥、功能实现与特性表现，使得巾帼之力发挥新作用、巾帼之志融合新内涵。一方面，随着妇联组织的组织形态呈现出生态化、平台性与枢纽型的发展，例如，乐山市等地方妇联开始着力建设网络"立体化"、阵地"规范化"、队伍"多元化"、载体"特色化、机制"区域化"的新型妇联组织体系，使妇联组织成为"认得住人""找得到门""干得成事""帮得上忙""说得起话"。尤其是随着互联网的发展，四川省妇联越来越重视"互联网+"的载体与平台作用，通过打造"网上妇联"，实施妇联上网工程，打造与妇女群众的"网缘"，构建了"1网+2微+3平台"为核心的立体网络体系（"1网"指四川妇联网，"2微"指四川幸福女性微信、四川女性微博，"3平台"指妇联通办公云平台、OA办公平台、四川省妇女儿童舆情监测平台）。另一方面，妇联组织作用发挥、功能实现、特性表现最终还是要依靠妇女群众的主体性力量。在这方面，四川省妇联探索建设社会化、群众性、开放式的枢纽型妇联组织工作体系，不断增强妇联组织联系的广泛性、群众性、代表性，将妇联工作变成生动活泼、特色鲜明、富有成效的群众性实践。四川省妇联引导广大妇女认知自我、发展自我、提升自我，变"服务对象"为"工作力量"，最大限度地将四川省各行各业的女性凝聚在妇联组织周围，增强妇女的主人翁意识，形成"上面千条线、下面一张网、身边一个家"的妇联组织新格局，使得妇联由"独角戏"转变为"众人唱"。

总之，继承、创新与完善构成了一个从正题、反题到合题的辩证发展过程。妇联组织的作用、功能与特性作为妇联的"初心"必须始终坚持，并通过与不同时代条件相适应的组织形态体现出来，体现在组织力的提升之中。同时，妇联传统组织形态和工作方法中的成功经验也应当不断发扬。因此，所谓创新，实际上是对传统组织形态和工作方法的扬弃，是探索妇联的"初心"在新的历史条件下的实现形态。为此，创新固然要求改革原有组织形态中不适应时代发展要求的因素，但也必须充分尊重以往工作的经验积累，必须客观深入地把握新时代妇联工作尤其是基层工作的实际。在继承传统和与时俱进的基础上，组织力建设还要不断根据创新实践的最新成果，不断完善妇联的组织体系和工作体系，将传统要素和创新要素有机结合起来，并用制度化的方式将其成果固定下来，从而将组织力建设推上一个更高水平

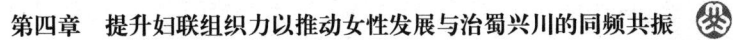

第四章　提升妇联组织力以推动女性发展与治蜀兴川的同频共振

的"合题"。这一"合题"又将根据此后时代条件的变化而进入新一轮的继承、创新与完善的过程中，如此循环往复，构成妇联组织力不断提高、不断适应时代发展要求的辩证法。

参考文献

一 中文著作及内部资料

《马克思恩格斯选集》第一卷,人民出版社1995年版。

马克思:《1844年经济学哲学手稿》,人民出版社2015年版。

习近平:《关于〈中共中央关于全面深化改革若干重大问题的决定〉的说明》,《求是》2013年第22期。

习近平:《决胜全面建成小康社会 夺取新时代中国特色社会主义伟大胜利——在中国共产党第十九次全国代表大会上的报告》,人民出版社2017年版。

黄晓薇:《高举习近平新时代中国特色社会主义思想伟大旗帜 团结动员各族各界妇女为决胜全面建成小康社会实现中华民族伟大复兴的中国梦而不懈奋斗——在中国妇女第十二次全国代表大会上的报告》,2018年10月30日,内部资料。

林尚立:《当代中国政治形态研究》,天津人民出版社2017年版。

石顺辉：《甘孜州妇联做好三篇"家"字文章　践行社会主义核心价值观》，内部资料。

《四川妇女精准化服务大数据基础研究报告》，2019年1月，内部资料。

《四川省妇联"五大行动"发展规划（2013—2018年)》，2014年3月14日，内部资料。

郑备：《高举习近平新时代中国特色社会主义思想伟大旗帜　团结引领全省妇女为推动治蜀兴川再上新台阶而不懈奋斗——在四川省妇女第十三次代表大会上的报告》，2018年9月25日，内部资料。

郑长忠：《确立面向未来的人类现代政治文明的中国形态》，天津人民出版社2018年版。

郑长忠主编：《锻造西部崛起背景下女性发展的组织基础——四川省妇联工作发展研究报告（2013—2017年)》，中国社会科学出版社2018年版。

二　中文期刊报纸

陈伟杰：《治理现代化与新时代妇联组织改革》，《妇女研究论丛》2018年第1期。

陈伟杰：《群团改革和妇联组织的体系性：一个重要的"结构—机制"议题》，《妇女研究论丛》2018年第6期。

《第三期中国妇女社会地位调查主要数据报告》，《妇女研究论丛》2011年第6期。

韩志才：《妇女权益保障与社会主义和谐社会的构建》，《当代世界与社会主义》2006年第1期。

李威利：《转型期国家治理视域下党的群团工作发展研究》，《中国青年社会科学》2016年第1期。

李小新：《全面提升基层党组织组织力》，《光明日报》2017年11月27日。

《深抓改革锐意进取　组织保障坚强有力——妇联组织建设和干部队伍建设五年回顾》，《中国妇运》2018年第9期。

郑长忠：《新时期政党的青年组织的政治性、先进性和群众性研究》，《中国青年社会科学》2015年第6期。

郑长忠：《以有效支持存在：群团基层组织建设的方向》，《中国党政干部论坛》2016年第7期。

郑长忠：《坚定改革信心　强化责任担当　将群团改革进行到底》，《中国共青团》2017年第10期。

郑长忠：《构建面向未来的妇联组织——国家治理现代化与妇联组织发展研究》，《妇女研究论丛》2018年第1期。

后　记

　　如今，中国特色社会主义进入了新时代。在新时代条件下推进伟大事业、实现伟大梦想，既对党的建设提出了新的要求，也对包括妇联在内的群团组织的建设与发展提出了新的要求。其中，妇联组织力建设既是当前妇联工作中的一项重要内容，也是透视妇联发展的一个贯穿全局的视角。一方面，妇联要在新时代条件下继续联系好、服务好、引领好广大妇女群众，就必须实现组织形态创新；而妇联组织力建设尤其是基层妇联组织力建设是妇联组织形态创新的重要内容。另一方面，妇联组织力建设作为一项系统工程，需要站在推进妇联改革进而助力加强党的全面领导的高度来理解其意义，并需要立足于妇联的组织特性和组织功能，如此才能全面理解妇联组织力建设的丰富内涵和基本维度。

　　本书是上海高校智库·复旦大学政党建设与国家发展研究中心与四川省妇联合作研究的成果之一。四川省作为中国西部地区的人口大省，内部地区之间的经济社会发展和妇女群众的发展需求呈现出显著的差异性。不仅是在四川省,各地妇联在加强组织力建设时,都既要有整体性的理论思考,也要充分结合各地基层一线的实际情况。四川妇联过去的许多工作实际上都与妇联组织力建设有关,各地基层妇联组织在联系、服务基层妇女群众和加强自身建设的过程中,也积累了一大批凝结着实践智慧的典型案例和成功经验。本书旨在以四川省妇联的工作为例,在总结其实践经验的基础上,系统阐述下一步应如何围绕加强妇联组织力这一命题推动各项工作。因此,本书在厘清妇联组织力建设的逻辑和机理的基础上,着重分析了新时代妇联发展的战略与议程,即组织力建设的基本思路与实现路径,以及提升妇联组织力的具体机制,力图推动妇女发展与党和国家事业整体发展的同频共振。

本项目由复旦大学政党建设与国家发展研究中心郑长忠主任领衔,自项目启动以来,郑长忠主任多次赴四川与省妇联领导和干部同志们交流研讨,并组织研究团队赴成都、凉山等地调研基层妇联工作,从而形成了这本既具有理论性和战略性又充分体现四川妇联工作特点的研究专著。参与本书各章节调研和撰写工作的团队成员具体如下:

第一章:王志鹏、沈大伟;

第二章:李亚丁、李笑宇、姜雯、曹智诚、胡仲恺、周光俊、程文侠、沈大伟;

后　记

第三章：孙鹏、许莞璐、金璐、覃冠文、杨晓娟、陆红红、卢婉琪；

第四章：沈大伟、刘露、牛乙钦、张兰、张蓉、李心仪、周光俊、沈家立；

沈大伟博士负责了课题研究和书稿写作的具体协调工作。参与调研和相关工作的团队成员还有赵小斐等同志。

在本项目的研究过程中，四川省妇联给予了大力支持和全方位的帮助。省妇联原主席吴旭同志、郑备同志等对研究思路和研究报告给予了悉心指导，提出了许多宝贵的意见和建议；省妇联吴咏梅、胡慧同志等为基础材料收集、调研安排和研究项目的协调推进做了大量工作；还有许多四川妇联的同志，她们也为本项目的研究和本书的出版给予了支持和帮助。同时，中国社会科学出版社的王琪等同志也为本书出版做了大量工作。对此，我们致以由衷的感谢。

本书作者
2021年5月